Zigarettensteuergesetz

vom 3. Juni 1906

nebst

Ausführungsbestimmungen.

Herausgegeben im Reichsschatzamte.

Springer-Verlag Berlin Heidelberg GmbH

1911

ISBN 978-3-662-33379-2 ISBN 978-3-662-33775-2 (eBook)
DOI 10.1007/978-3-662-33775-2

Inhalt.

Seite.

Zigarettensteuergesetz

vom 3. Juni 1906

(Reichsgesetzblatt Seite 631)

unter Berücksichtigung der Änderungen durch Artikel IIIa des Gesetzes vom 15. Juli 1909 wegen Änderung des Tabaksteuergesetzes (Reichsgesetzblatt Seite 705).

(Die Änderungen sind durch **Schwabacher Schrift** und Hinweis auf das Gesetz vom 15. Juli 1909 kenntlich gemacht.)

---

§ 1.

Eingangsabgabe.

Absatz 1 ist durch Artikel IIIa des Gesetzes vom 15. Juli 1909 aufgehoben*).

Die Zollbefreiungen der §§ 5 und 6 Ziffer 7 des Zolltarifgesetzes vom 25. Dezember 1902 können für die genannten Tabakerzeugnisse sowie für Zigarettenhülsen und -blättchen durch den Bundesrat eingeschränkt werden.

§ 2.

Steuer.

Außer den auf Grund des Tabaksteuergesetzes von dem verwendeten Tabak zur Erhebung gelangenden Abgaben unterliegen der im Inlande geschnittene Zigarettentabak und die im Inlande hergestellten Zigaretten sowie die ungefüllt zum Verkaufe gelangenden Zigarettenhüllen (Hülsen, Blättchen **usw.****) einer besonderen in die Reichskasse fließenden Steuer (Zigarettensteuer), die beträgt:

1. **für Zigaretten im Kleinverkaufspreise**
   a) **bis zu 1½ Pfennig das Stück 2,00 Mark für 1000 Stück,**

---

*) Die aufgehobene Vorschrift lautete: Der Eingangszoll beträgt für feingeschnittenen Tabak und Zigaretten 700 Mark für einen Doppelzentner.

**) Gesetz vom 15. Juli 1909.

b) von über $1^1/_2$ bis $2^1/_2$ Pfennig das Stück 3,00 Mark für 1000 Stück,
c) von über $2^1/_2$ bis $3^1/_2$ Pfennig das Stück 4,50 Mark für 1000 Stück,
d) von über $3^1/_2$ bis 5 Pfennig das Stück 6,50 Mark für 1000 Stück,
e) von über 5 bis 7 Pfennig das Stück 9,50 Mark für 1000 Stück,
f) von über 7 Pfennig das Stück 15,00 Mark für 1000 Stück;

2. für Zigarettentabak:

a) im Kleinverkaufspreis über 3,50*) bis 5 Mark das Kilogramm 0,80 Mark für ein Kilogramm,
b) im Kleinverkaufspreis über 5 bis 10 Mark das Kilogramm 1,60 Mark für ein Kilogramm,
c) im Kleinverkaufspreis über 10 bis 20 Mark das Kilogramm 3 Mark für ein Kilogramm,
d) im Kleinverkaufspreis über 20 bis 30 Mark das Kilogramm 4,80 Mark für ein Kilogramm,
e) im Kleinverkaufspreis über 30 Mark das Kilogramm 7 Mark für ein Kilogramm.

3.*) **für Zigarettenpapier, mit Ausnahme des zur gewerblichen Verarbeitung bestimmten, 1 Mark für 1000 Zigarettenhüllen.**

Der gleichen Besteuerung unterliegen neben dem im § 1 festgesetzten Eingangszoll auch die aus dem Ausland eingeführten Erzeugnisse der in Ziffer 1 bis 3 bezeichneten Art.

Als Zigarettentabak im Sinne dieses Gesetzes gilt aller feingeschnittene Tabak, der im Kleinverkaufe mehr als 3 Mark**) das Kilogramm kostet. Ausgenommen sind diejenigen vom Bundesrate zu bezeichnenden feingeschnittenen Tabake der angegebenen Art, die zur Herstellung von Zigaretten nachweislich nicht verwendet werden.

Als Kleinverkaufspreis gilt der Warenpreis einschließlich der Steuer.

*) Gesetz vom 15. Juli 1909.

**) Infolge Änderung des Gesetzes von 1906 durch das Gesetz von 1909 erhöht sich die Grenze auf 3,50 Mark.

Der Bundesrat ist ermächtigt, Tabakerzeugnisse von der Art und Form der Zigarette, bei denen das Papierdeckblatt fehlt oder durch eine andere Decke ersetzt ist, der gleichen Steuer zu unterwerfen.

§ 3.

Entrichtung und Stundung der Steuer.

Die Zigarettensteuer ist vom Hersteller des Zigarettentabaks und der Zigaretten sowie der Zigarettenhülsen und -blättchen mittels Anbringung von Steuerzeichen an den Packungen (§ 5) zu entrichten, bevor die verpackten Erzeugnisse aus der Erzeugungsstätte entfernt werden. Bei eingeführten Erzeugnissen der bezeichneten Art hat die Versteuerung durch den Bezieher bei der Zollabfertigung oder, wo eine solche nicht stattfindet, innerhalb einer Frist von drei Tagen nach dem Empfange zu geschehen.

Die näheren Bestimmungen über die Wertbeträge der Steuerzeichen, nach denen die Packungen einzurichten sind, über ihre Form, ihre Anfertigung, ihren Vertrieb und die Art ihrer Verwendung und Entwertung trifft der Bundesrat. Er stellt die Voraussetzungen fest, unter denen für verwendete Steuerzeichen ein Ersatz und für noch nicht verwendete Steuerzeichen ein Umtausch oder eine Rückzahlung gewährt werden darf.

Steuerzeichen, die nicht in der vorgeschriebenen Weise verwendet und entwertet worden sind, werden als nicht verwendet angesehen.

Die Anbringung von Steuerzeichen ist nicht erforderlich, wenn der Zigarettentabak oder die Zigaretten sowie die Zigarettenhülsen und -blättchen zur Ausfuhr unter amtlicher Aufsicht oder wenn der Zigarettentabak, die Zigarettenhülsen und -blättchen zur Abgabe an inländische Zigarettenfabrikanten behufs weiterer Verarbeitung oder Behandlung in ihrem Betriebe vor der Entnahme aus der Erzeugungsstätte angemeldet werden.

Gegen Sicherheitsbestellung ist die Steuer für eine Frist von sechs Monaten zu stunden.

§ 4.

Verjährung der Steuer.

Ansprüche auf Zahlung und Erstattung der Steuer verjähren in einem Jahre von dem Tage des Eintritts der Steuerpflicht (§ 3 Abs. 1) oder der Steuerentrichtung ab. Der Anspruch auf Nachzahlung hinterzogener Steuer verjährt in drei Jahren.

§ 5.

Verpackungszwang.

Zigarettentabak und Zigaretten sowie Zigarettenhülsen und -blättchen dürfen im Inlande vom Hersteller und Großhändler nur in vollständig geschlossenen Packungen abgegeben werden. Die Verpackung der inländischen Erzeugnisse hat, sofern nicht Ausnahmen zugelassen werden, in den Betrieben zu erfolgen, in denen sie hergestellt werden.

Auf jeder Packung ist der Inhalt nach Art und Menge, sowie bei Zigarettentabak und Zigaretten auch der Kleinverkaufspreis oder die Preisgrenzen der Steuerklasse (§ 2 Abs. 1) in Druckschrift anzugeben. Außerdem ist auf jeder Packung Name und Sitz der Firma des Herstellers oder des Händlers ersichtlich zu machen. Die Firmenbezeichnung des Herstellers kann durch ein gesetzlich geschütztes, der Steuerbehörde mitzuteilendes Warenzeichen ersetzt werden.

Die Verpflichtung zur Angabe des Preises oder der Preisgrenzen erstreckt sich auch auf solche Packungen, die feingeschnittenen Tabak im Kleinverkaufspreise von drei Mark*) oder weniger für ein Kilogramm enthalten. Wird solcher Tabak unverpackt verkauft, so ist der Kleinverkaufspreis an einer in die Augen fallenden Stelle des Behältnisses anzugeben.

Zigarettentabak, Zigarettenhülsen und -blättchen, die an Zigarettenfabriken abgegeben werden, sind unter Beobachtung der etwa vorgeschriebenen Maßnahmen von den Vorschriften der Abs. 1 bis 3 befreit. Ferner erstrecken sich diese Vorschriften nicht auf Waren der genannten Art, die zur Ausfuhr bestimmt sind (§ 3 Abs. 4).

Der Bundesrat ist befugt, im Falle der Umgehung der Zigarettensteuer beim Einzelverkaufe für diesen besondere Sicherungsmaßnahmen zu treffen oder die Vorschriften der Abs. 1 bis 3 auf alle Personen auszudehnen, die der Zigarettensteuer unterliegende Waren feilhalten, verkaufen oder sonstwie an Verbraucher abgeben.

§ 6.

Vorschriften für die Einfuhr.

Die Vorschriften des § 5 gelten auch für die eingeführten Erzeugnisse der im § 1 Abs. 1 bezeichneten Art sowie für eingeführte Zigarettenhülsen und -blättchen. Es kann jedoch

---

*) Jetzt 3,50 Mark. Vgl. Fußnote zu § 2 Abs. 3.

zugelassen werden, daß die Verpackung erst im Inlande vorgenommen wird.

Eingeführte Zigarettentabake und Zigaretten, auf deren Packungen die im § 5 Abs. 2 vorgeschriebenen Preisangaben fehlen, sind nach den höchsten Sätzen des § 2 Ziffer 1 und 2 zu versteuern.

§ 7.

Vorschriften für die Betriebe.

Anmeldung des Betriebs und der Räume.

Wer gewerbsmäßig Zigarettentabak, Zigaretten, Zigarettenhülsen oder -blättchen herstellen will, hat dies vor der Eröffnung des Betriebs unter Bezeichnung der Erzeugnisse, deren Herstellung beabsichtigt ist, der Steuerbehörde schriftlich anzuzeigen und gleichzeitig eine Beschreibung der Betriebs- und Lagerräume sowie der damit in Verbindung stehenden oder unmittelbar daran angrenzenden Räume vorzulegen.

Die gewerbsmäßige Herstellung von Zigarettentabak und Zigaretten darf nur in den angemeldeten Betriebsräumen erfolgen.

§ 8.

Die Steuerbehörde ist ermächtigt, auch Angaben über die Verpackungsart der Waren sowie gegen entsprechende Entschädigung die Hinterlegung von Proben der einzelnen Packungen zu verlangen.

Bei jeder Änderung der angemeldeten Verhältnisse (§§ 7, 8) hat alsbald eine Berichtigung oder Ergänzung der Angaben zu erfolgen.

§ 9.

Kleinverkauf der tabakverarbeitenden Betriebe und der Hersteller von Zigarettenhülsen und -blättchen.

Inhaber tabakverarbeitender Betriebe jeder Art, die neben der Anfertigung von Tabakerzeugnissen den Kleinverkauf von Zigarettentabak oder von Zigaretten betreiben wollen, sowie Hersteller von Zigarettenhülsen und -blättchen, die diese Erzeugnisse im kleinen abgeben wollen, haben dies unter genauer Beschreibung der Räume, in denen der Kleinverkauf stattfinden soll, der Steuerbehörde anzuzeigen. Die Betriebe unterliegen den von dieser Behörde zur Sicherung des Steuereinganges anzuordnenden Maßnahmen.

§ 10.

Bezeichnung des Besitzers und Betriebsleiters.

Jeder Wechsel im Besitz eines mit der Herstellung von Zigarettentabak oder Zigaretten sowie von Zigarettenhülsen oder -blättchen sich befassenden Betriebs ist der Steuerbehörde binnen einer Woche vom neuen Besitzer anzuzeigen.

Wird ein Betrieb vom Besitzer nicht selbst geleitet, so hat letzterer der Steuerbehörde diejenige Person zu bezeichnen, die als Betriebsleiter in seinem Namen und Auftrage handelt.

§ 11.

Lagerung der fertigen Erzeugnisse; Buchführung.

Zigarettentabak und Zigaretten sowie Zigarettenhülsen und -blättchen dürfen nur in den angemeldeten Räumen (§ 7) gelagert und verpackt werden. Über Zu- und Abgang der Erzeugnisse sind Anschreibungen zu führen, die der Bestimmung der Steuerbehörde entsprechend aufzubewahren und den Beamten zugänglich zu halten sind.

Die Bestände sind von Zeit zu Zeit amtlich festzustellen und mit den Anschreibungen zu vergleichen. Von der Erhebung der Steuer für Fehlmengen ist abzusehen, wenn und soweit dargetan wird, daß eine Steuerhinterziehung nicht stattgefunden hat, sondern daß die Fehlmengen auf andere, eine Steuerschuld nicht begründende Umstände zurückzuführen sind.

§ 12.

Nach Ermessen der Steuerbehörde kann die Verpflichtung zur Führung von Anschreibungen auch auf den für die Verarbeitung bezogenen Tabak sowie auf das für die Verarbeitung bezogene Zigarettenpapier ausgedehnt werden.

§ 13.

Aufsichtsbefugnis der Steuerbeamten.

Die Betriebe, die sich mit dem Schneiden von Zigarettentabak oder mit der Herstellung von Zigaretten, Zigarettenhülsen oder -blättchen befassen, unterliegen der steuerlichen Aufsicht. Die Steuerbeamten sind befugt, die Betriebs- und Lagerräume, solange sie geöffnet sind oder darin gearbeitet wird, zu jeder Zeit, andernfalls von morgens 6 Uhr bis abends 9 Uhr zu besuchen.

Bei Fabriken erstreckt sich die Aufsichtsbefugnis auf alle Räume der Fabrik sowie auf die mit ihr in Verbindung stehenden oder unmittelbar daran grenzenden Räume. Sofern diese Räume verschlossen sein sollten, müssen sie während der angegebenen Zeit auf Verlangen der Steuerbeamten sofort geöffnet werden. Die Zeitbeschränkung fällt fort, wenn Gefahr im Verzuge liegt.

§ 14.

Hilfeleistung bei der Ausübung der Steueraufsicht.

Der Betriebsinhaber hat den Steuerbeamten jede im Steuerinteresse oder zu statistischen Zwecken erforderliche Auskunft über den Betrieb zu erteilen und bei allen zum Zwecke der Aufsicht oder Abfertigung stattfindenden Amtshandlungen die Hilfsdienste zu leisten oder leisten zu lassen, die notwendig sind, damit die Beamten die ihnen obliegenden Geschäfte in den vorgeschriebenen Grenzen vollziehen können. Insbesondere ist auch für Beleuchtung zu sorgen.

Den Oberbeamten der Steuerverwaltung sind die auf den Einkauf des Rohtabaks sowie auf die Herstellung und den Verkauf von der Zigarettensteuer unterliegenden Erzeugnissen sich beziehenden Geschäftsbücher und Geschäftspapiere auf Erfordern zu jeder Zeit zur Einsicht vorzulegen.

§ 15.

Handel mit der Zigarettensteuer unterliegenden Waren.

Wer sich gewerbsmäßig mit dem Verkaufe von Zigarettentabak und Zigaretten sowie von Zigarettenhülsen und -blättchen befassen will, hat dies vorher der Steuerbehörde anzuzeigen und den Beamten der Steuerverwaltung seine Vorräte an Waren der bezeichneten Art zum Nachweise, daß sie mit den vorgeschriebenen Steuerzeichen versehen sind, zu den üblichen Geschäftsstunden auf Verlangen vorzuzeigen.

Die Steuerbehörde kann verlangen, daß Niederschriften einzelner Teile dieses Gesetzes und der Ausführungsbestimmungen in den Verkaufsstätten an in die Augen fallender Stelle ausgehängt werden.

§ 16.

Die Steuerzeichen sind an den Packungen so lange zu erhalten, bis diese geöffnet werden. Geöffnete, ganz oder teilweise entleerte Packungen dürfen mit Zigaretten, Zigarettentabak, Zigarettenhülsen oder -blättchen nicht nachgefüllt werden. Der Einzelverkauf darf nur aus den zugehörigen Umschließungen erfolgen. Geleerte Umschließungen sind alsbald zu vernichten.

Wer als Verkäufer Zigarettentabak, Zigaretten, Zigarettenhülsen oder -blättchen empfängt, die nicht in der vorgeschriebenen Weise verpackt, bezeichnet und mit Steuerzeichen versehen sind, hat innerhalb einer Frist von drei Tagen der Steuerbehörde Anzeige zu erstatten.

§ 17.

Strafvorschriften.
Defraudation.

Wer es unternimmt, die Zigarettensteuer zu hinterziehen, macht sich der Defraudation schuldig.

Die Defraudation wird insbesondere als vollbracht angenommen:

a) wenn mit der Herstellung von der Zigarettensteuer unterliegenden Waren begonnen wird, bevor die Anzeige des Betriebs in der vorgeschriebenen Weise erfolgt ist (§ 7);
b) wenn der Zigarettensteuer unterliegende Waren vom Hersteller in anderen als den hierfür angemeldeten Räumen aufbewahrt werden (§ 11);
c) wenn die vorgeschriebenen Anschreibungen unrichtig geführt werden (§§ 11, 12);
d) wenn der Zigarettensteuer unterliegende Waren aus der Erzeugungsstätte in den Inlandsverkehr gebracht werden, ohne daß sie in der vorgeschriebenen Weise verpackt und auf den Packungen mit den im § 5 vorgeschriebenen Angaben und mit den entsprechenden Steuerzeichen versehen sind;
e) wenn Verkäufer der Zigarettensteuer unterliegende Waren im Gewahrsam haben, die der Vorschrift dieses Gesetzes zuwider mit den erforderlichen Steuerzeichen (§ 3) nicht versehen sind;
f) wenn geöffnete, mit Steuerzeichen versehene Packungen der Vorschrift des § 16 Abs. 1 Satz 2 zuwider nachgefüllt werden.

Das Dasein der Defraudation wird in den Fällen des Abs. 2 durch die daselbst bezeichneten Tatsachen begründet. Wird festgestellt, daß eine Hinterziehung nicht verübt oder nicht beabsichtigt ist, so findet nur eine Ordnungsstrafe nach § 20 statt.

§ 18.

Strafe der Defraudation.

Wer eine Defraudation begeht, hat eine Geldstrafe verwirkt, die dem vierfachen Betrage der vorenthaltenen Steuer gleichkommt, mindestens aber fünfzig Mark für jeden einzelnen Fall beträgt. Außerdem ist die Steuer nachzuzahlen.

Kann der vorenthaltene Steuerbetrag nicht festgestellt werden, so tritt eine Geldstrafe von fünfzig Mark bis hunderttausend Mark ein.

Liegt eine Übertretung vor, so sind die Beihilfe und die Begünstigung mit Geldstrafe bis zu einhundertfünfzig Mark zu bestrafen.

§ 19.

Defraudation im Rückfalle.

Im Falle der Wiederholung der Defraudation nach vorausgegangener Bestrafung wird die im § 18 angedrohte Strafe verdoppelt.

Jeder fernere Rückfall zieht Gefängnis bis zu drei Jahren nach sich, doch kann nach richterlichem Ermessen mit Berücksichtigung aller Umstände und der vorangegangenen Fälle auf Haft oder auf Geldstrafe nicht unter dem Doppelten der für den ersten Rückfall angedrohten Strafe erkannt werden.

Die Rückfallstrafe ist verwirkt, auch wenn die frühere Strafe nur teilweise verbüßt oder ganz oder teilweise erlassen ist, bleibt dagegen ausgeschlossen, wenn seit der Verbüßung oder dem Erlasse der früheren Strafe bis zur Begehung der neuen Straftat drei Jahre verflossen sind.

§ 20

Ordnungsstrafen.

Zuwiderhandlungen gegen die Vorschriften dieses Gesetzes und die dazu erlassenen und öffentlich oder den Beteiligten besonders bekannt gemachten Verwaltungsbestimmungen werden, sofern nicht eine schwerere Strafe verwirkt ist, mit einer Ordnungsstrafe von einer Mark bis zu dreihundert Mark geahndet.

Mit Ordnungsstrafe nach Maßgabe des Abs. 1 wird ferner belegt:

a) wer einem zur Wahrnehmung des Steuerinteresses verpflichteten Beamten oder dessen Angehörigen wegen einer auf die Erhebung oder Überwachung der Zigarettensteuer bezüglichen amtlichen Handlung oder Unterlassung einer solchen Geschenke oder andere Vorteile anbietet, verspricht oder gewährt, sofern nicht der Tatbestand des § 333 des Strafgesetzbuchs vorliegt;

b) wer sich Handlungen oder Unterlassungen zu Schulden kommen läßt, durch die ein solcher Beamter an der rechtmäßigen Ausübung seines Amtes in bezug auf die Zigarettensteuer verhindert wird, sofern nicht der Tatbestand des § 113 oder des § 114 des Strafgesetzbuchs vorliegt.

§ 21.

Haftung für andere Personen.

Hersteller und Verkäufer von der Zigarettensteuer unterliegenden Waren haften für die von ihren Verwaltern, Geschäftsführern, Gehilfen und sonstigen in ihrem Dienste oder Lohne stehenden Personen sowie von ihren Familien- oder Haushaltungsmitgliedern verwirkten Geldstrafen und Prozeßkosten und für die nachzuzahlende Steuer im Falle des Unvermögens der eigentlich Schuldigen. Wird nachgewiesen, daß die Zuwiderhandlung ohne ihr Wissen verübt ist, so haften sie nur für die Steuer. Die Haftung für Geldstrafen kann nur durch richterliches Urteil ausgesprochen werden.

Ist die Geldstrafe von dem Schuldigen nicht beizutreiben, so kann die Steuerbehörde davon absehen, den für die Geldstrafe Haftenden in Anspruch zu nehmen, und die an Stelle der Geldstrafe tretende Freiheitsstrafe an dem Schuldigen vollstrecken lassen.

§ 22.

Zwangsmaßregeln.

Unbeschadet der verwirkten Ordnungsstrafen kann die Steuerbehörde die Beobachtung der auf Grund dieses Gesetzes getroffenen Anordnungen durch Androhung und Einziehung von Geldstrafen bis zu fünfhundert Mark erzwingen.

§ 23.

Einziehung.

Zigarettentabak und Zigaretten sowie Zigarettenhülsen und -blättchen, die nicht vorschriftsmäßig verpackt und bezeichnet oder deren Packungen mit den erforderlichen Steuerzeichen (§ 3) nicht versehen sind, unterliegen der Einziehung, gleichviel, wem sie gehören und ob gegen eine bestimmte Person ein Strafverfahren eingeleitet wird.

§ 24.

Verschärfung der Aufsichtsmaßnahmen.

Hersteller und Verkäufer von der Zigarettensteuer unterliegenden Waren, die selbst oder deren Betriebsleiter wegen Hinterziehung der Steuer bestraft sind, können auf ihre Kosten besonderen Aufsichtsmaßnahmen unterworfen werden.

§ 25.

Fälschung von Steuerzeichen.

Mit Gefängnis nicht unter drei Monaten wird bestraft, wer unechte Steuerzeichen (§ 3) in der Absicht anfertigt, sie als echt zu verwenden, oder echte Steuerzeichen in der Absicht verfälscht, sie zu einem höheren Werte zu verwenden, oder wissentlich von falschen oder verfälschten Steuerzeichen Gebrauch macht. Neben der Strafe kann auf Verlust der bürgerlichen Ehrenrechte erkannt werden.

§ 26.

Wer wissentlich schon einmal verwendete Steuerzeichen verwendet, wird mit Geldstrafe bis zu sechshundert Mark bestraft.

§ 27.

Neben der in den §§ 25, 26 angedrohten Strafe kommt die durch die Hinterziehung der Steuer begründete Strafe zur Anwendung.

§ 28.

Mit Geldstrafe bis zu einhundertfünfzig Mark oder mit Haft wird bestraft, wer ohne schriftlichen Auftrag einer Behörde

1. Stempel, Siegel, Stiche, Platten oder andere Formen, die zur Anfertigung von Steuerzeichen dienen können, anfertigt, oder an einen Anderen als die Behörde verabfolgt;
2. den Abdruck der in Nr. 1 bezeichneten Stempel, Stiche, Platten oder Formen unternimmt oder Abdrucke an einen Anderen als die Behörde verabfolgt.

Neben der Strafe kann auf Einziehung der Stempel, Siegel, Stiche, Platten oder anderen Formen sowie der Abdrucke erkannt werden, ohne Unterschied ob sie dem Verurteilten gehören oder nicht.

§ 29.

Mit Geldstrafe bis zu einhundertfünfzig Mark wird bestraft, wer wissentlich schon einmal verwendete Steuerzeichen veräußert oder feilhält.

§ 30

Strafverfahren und Verjährung der Strafverfolgung.

In den Fällen der §§ 17 bis 23 kommen hinsichtlich des Strafverfahrens sowie in betreff der Strafmilderung und des Erlasses der Strafe im Gnadenwege die Vorschriften zur Anwendung, nach denen sich das Verfahren wegen Zuwiderhandlungen gegen die Zollgesetze bestimmt. Der Erlös aus eingezogenen Zigarettentabaken und Zigaretten, Zigarettenhülsen und blättchen sowie Geldstrafen fallen dem Staate zu, von dessen Behörden die Strafentscheidung erlassen ist.

Die Strafverfolgung von Defraudationen verjährt in drei Jahren, von anderen Zuwiderhandlungen in einem Jahre.

§ 31.

Verwaltung der Zigarettensteuer und Ausgleichungsbeträge.

Die Erhebung und Verwaltung der Zigarettensteuer erfolgt durch die Landesbehörden. Für die erwachsenden Kosten wird den Bundesstaaten nach Maßgabe der vom Bundesrate zu erlassenden Bestimmungen Vergütung gewährt.

Die Reichsbevollmächtigten für Zölle und Steuern und die Stationskontrolleure haben in bezug auf die Ausführung des Gesetzes dieselben Rechte und Pflichten wie bezüglich der Erhebung und Verwaltung der Zölle.

Die außerhalb der gemeinschaftlichen Zollgrenze liegenden Teile des Reichsgebiets zahlen an Stelle der Zigarettensteuer einen entsprechenden Ausgleichungsbetrag an die Reichskasse.

§ 32.

Der Zigarettensteuer unterliegende Waren aus Zollanschlüssen.

Zigarettentabak und Zigaretten, die aus den dem Zollgebiet angeschlossenen Staaten und Gebietsteilen zum Verbrauch eingehen, sowie aus den genannten Gebieten eingehende Zigarettenhülsen und -blättchen sind spätestens beim Eintritt in das Inland mit den nach § 3 anzubringenden Steuerzeichen zu versehen.

Der Reichskanzler kann unter Zustimmung des Bundesrats mit den fremden Regierungen wegen Herbeiführung einer den Vorschriften dieses Gesetzes entsprechenden Zigarettensteuer in den dem Zollgebiet angeschlossenen Staaten und Gebietsteilen, wegen Überweisung der Steuer für die im gegenseitigen Verkehr übergehenden, der Zigarettensteuer unterliegenden Waren oder wegen Begründung einer Steuergemeinschaft Vereinbarungen treffen.

§ 33.

Vergütung der auf Grund des Tabaksteuergesetzes vom 16. Juli 1879 gezahlten Abgaben.

1. Im Abs. 1 des § 31 des Tabaksteuergesetzes vom 16. Juli 1879 sind zu streichen:

unter I: d) für Zigaretten .... 66 Mark,
» II: d) » » .... 35 »

2. Die Festsetzung der Vergütung der auf Grund des Tabaksteuergesetzes vom 16. Juli 1879*) gezahlten Abgaben, welche bei der Ausfuhr von Zigarettentabak und Zigaretten oder bei ihrer Niederlegung in einer öffentlichen Niederlage oder in einem unter amtlichem Mitverschlusse stehenden Privatlager zu gewähren ist, erfolgt durch den Bundesrat.

§ 34.

Übergangsvorschriften.

Hersteller, Verkäufer und Händler haben die am Tage des Inkrafttretens des Gesetzes in ihrem Besitze befindlichen Vorräte an Zigarettentabak und Zigaretten, Zigarettenhülsen und -blättchen unter Angabe des Kleinverkaufspreises des Zigarettentabaks und der Zigaretten sowie der Stückzahl der Hülsen und Blättchen innerhalb einer Woche dem zuständigen Steueramt anzumelden. Die angemeldeten Vorräte dürfen vom Hersteller einen Monat, vom Verkäufer und Händler zwei Monate ohne Entrichtung der Zigarettensteuer verkauft werden; nach Ablauf dieser Fristen ist der noch vorhandene Teil dieser Vorräte nach den Sätzen des § 2 zu versteuern.

Der Bundesrat ist ermächtigt, die Frist von zwei Monaten für Zigarettenblättchen bei Kleinhändlern im Bedarfsfall entsprechend zu verlängern.

Die erfolgte Versteuerung wird durch Anbringung von Steuerzeichen an den Packungen kenntlich gemacht.

Gegen Sicherheitsbestellung ist die Steuer für eine Frist von drei Monaten zu stunden.

§ 35.

Schlußvorschrift.

Von den bestehenden Fabriken und Betrieben sind die nach diesem Gesetz erforderlichen Anzeigen bei Vermeidung der im § 20 angedrohten Ordnungsstrafen spätestens zwei Wochen vor dem Inkrafttreten des Gesetzes zu erstatten.

---

*) An die Stelle des Tabaksteuergesetzes vom 16. Juli 1879 ist das Tabaksteuergesetz vom 15. Juli 1909 getreten.

Bundesratsbeschluß

vom 16. November 1911.

(Zentralblatt für das Deutsche Reich Seite 617.)

Der Bundesrat hat in seiner Sitzung vom 16. November 1911 beschlossen:

1. Die Zigarettensteuer-Ausführungsbestimmungen vom 16. Juni 1906 und die Ausführungsbestimmungen vom 24. Juli 1909 zu Artikel IIIa des Gesetzes vom 15. Juli 1909 wegen Änderung des Tabaksteuergesetzes treten mit dem 1. Januar 1912 außer Kraft. An ihre Stelle treten vom gleichen Zeitpunkt an die anliegenden Zigarettensteuer-Ausführungsbestimmungen.

2. Bis zum genannten Zeitpunkt hergestellte zigarettenförmige Erzeugnisse, bei denen die Länge des Tabakstranges oder das Gewicht des Tabakinhalts die im § 5 Abs. 1 Satz 2 der Ausführungsbestimmungen angegebenen Grenzen überschreitet, dürfen von ihren Herstellern noch bis Ende Januar 1912 in der bisherigen Weise versteuert werden. Zigarettenhändlern ist der Verkauf und das Vorrätighalten der in der bisherigen Weise versteuerten Erzeugnisse dieser Art bis Ende März 1912 gestattet. Zu letzterem Zeitpunkt etwa noch vorhandene Vorräte sind nach den neuen Bestimmungen zu versteuern.

3. Die Steuerzeichen alter Art sind so lange weiter zu verwenden, bis die vorhandenen Bestände annähernd aufgebraucht sind.

   Der Reichskanzler bestimmt den Zeitpunkt, von dem an Zigaretten, Zigarettentabak und Zigarettenhüllen nur noch mit neuen Steuerzeichen versehen aus der Erzeugungsstätte oder aus dem Zollgewahrsam entfernt werden dürfen. Ausnahmen kann das Hauptamt in besonderen Fällen zulassen.

Die zu dem hiernach bestimmten Zeitpunkt noch im Besitze von Herstellern und Händlern befindlichen Steuerzeichen alter Art sind binnen einer Woche unter Beifügung einer Aufstellung gemäß § 24 Abs. 1 der Ausführungsbestimmungen an die Hebestellen zurückzuliefern und von diesen in Zeichen neuer Art umzutauschen. Der Umtausch erfolgt auch für einzelne Steuerzeichen. Für Zeichen alter Art, die nach Ablauf der Frist zurückgeliefert werden, findet ein Ersatz nicht statt.

Die zurückgelieferten Steuerzeichen sind von den Vertriebsstellen (§ 12 Abs. 1 der Ausführungsbestimmungen) mit dem etwa noch bei ihnen vorhandenen Vorrat an Zeichen alter Art und mit einer Aufstellung gemäß § 24 Abs. 1 a. a. O. den Hauptämtern oder einer von der obersten Landesfinanzbehörde zu bestimmenden anderen Sammelstelle zu übersenden und dort in Gegenwart von zwei Beamten zu verbrennen. Über die Vernichtung ist eine Verhandlung aufzunehmen, aus der die Art und Menge der vernichteten Steuerzeichen hervorgeht. Die Verhandlungen sind für jeden Bundesstaat gesammelt tunlichst bald der Reichsdruckerei zu übersenden, die für die vernichteten Steuerzeichen eine gleiche Anzahl neuer Zeichen ohne Berechnung der Herstellungskosten liefert. Sie erhält die durch die Einziehung der alten Steuerzeichen entstehenden Kosten aus der Reichskasse ersetzt.

Zigarettensteuer-Ausführungsbestimmungen.

Einteilung.

Zigarettensteuer-Ausführungs-bestimmungen.

Zu den §§ 1, 2 und 6 des Gesetzes.

§ 1.

Abgaben für eingeführte Erzeugnisse.

(1) Aus dem Ausland eingeführte zigarettensteuerpflichtige Erzeugnisse unterliegen, soweit nicht im Gesetz oder in den Ausführungsbestimmungen Ausnahmen vorgesehen sind, denselben Bestimmungen wie die gleichen im Inland hergestellten Erzeugnisse. Die Zigarettensteuer ist neben dem nach dem Zolltarife zu erhebenden Eingangszolle zu entrichten.

(2) Die Zollfreiheit auf Grund von § 5 und § 6 Ziffer 7 des Zolltarifgesetzes wird für feingeschnittenen Tabak (§ 3 Abs. 2) auf Mengen unter 50 g, für unverpackte oder in angebrochenen Packungen eingehende Zigaretten auf 25 Stück und weniger, für verpackte Zigaretten auf Mengen von 30 g und weniger beschränkt.

(3) In den Fällen, in denen ein Zoll nicht zu zahlen ist, wird die Steuer nur für die beim Eingang noch vollständigen Packungen erhoben. Diese Erleichterung gilt jedoch nicht für angebrochene Packungen von Zigarettenhüllen, die mehr als 200 Stück Einzelhüllen enthalten.

§ 2.

Steuer.
1. Zigaretten.

(1) Der Zigarettensteuer unterliegen alle zum unmittelbaren Rauchgenusse geeigneten Tabakerzeugnisse von der Form der Zigarette, die ein Deckblatt oder Umblatt aus Papier haben oder aus feingeschnittenem Tabak hergestellt sind, in letzterem Falle ohne Rücksicht auf den Stoff, aus dem das Deckblatt oder die Hülse besteht, und ohne Rücksicht darauf, ob neben dem Deckblatt noch ein Umblatt vorhanden ist oder nicht. Tabakerzeugnisse von der Form der Zigarette,

die aus orientalischen oder diesen gleichartigen Tabaken hergestellt sind, unterliegen der Zigarettensteuer auch dann, wenn ihre Tabakeinlage mehr als 2 mm Schnittbreite hat. Zigarettensteuerpflichtig sind ferner aus feingeschnittenem Tabak hergestellte Preßzigaretten, das sind Zigaretten, bei denen ein Deckblatt durch Pressung entbehrlich gemacht ist.

(2) Unter den Voraussetzungen des Abs. 1 unterliegen der Zigarettensteuer auch solche Erzeugnisse, die neben feingeschnittenem noch grobgeschnittenen Tabak enthalten, sofern letzterer nicht überwiegt, sowie Feuerwerks-, Scherz-, Asthmazigaretten und dergleichen, die Tabak enthalten.

§ 3.

2. Zigarettentabak.

(1) Zigarettensteuerpflichtig ist feingeschnittener Tabak, dessen Kleinverkaufspreis (§ 7) für 1 kg seines Eigengewichts mehr als 3,50 *M* beträgt.

(2) Als feingeschnitten gilt Tabak, der eine Schnittbreite von 2 mm oder weniger hat. Ferner ist als feingeschnitten mit Ausnahme des Schnupftabaks aller Tabak zu behandeln, der diese Zerkleinerung nicht durch Schneiden sondern durch Zerreiben oder auf sonstige Weise erfahren hat.

§ 4.

3. Zigarettenhüllen.

(1) Unter Zigarettenhüllen ist neben Hülsen und Blättchen auch Zigarettenpapier zu verstehen, d. i. alles zur Herstellung von Zigaretten bestimmte Papier, selbst wenn es die für diesen Verwendungszweck übliche Vorbereitung noch nicht erfahren hat, also noch nicht zu Hülsen verarbeitet, in Einzelblättchen geschnitten oder für die Zerteilung in solche Blättchen gefaltet, vorgezeichnet usw. ist. Die im Gesetze für Zigarettenhülsen und -blättchen gegebenen Vorschriften gelten auch für Zigarettenpapier.

(2) Die Bestimmung des Abs. 1 gilt auch für Zigarettenpapier aus Stengeln oder Rippen von Tabakblättern (Anmerkung zu § 1 des Tabaksteuergesetzes vom 15. Juli 1909).

§ 5.

4. Berechnung der Steuer.

(1) Die Steuer wird für jede einzelne Packung der zigarettensteuerpflichtigen Waren nach ihrem Inhalt berechnet, d. i. bei Zigaretten und Zigarettenhüllen nach ihrer Stückzahl, bei Zigarettentabak nach seinem Eigengewichte. Bei

zigarettenförmigen Erzeugnissen, deren Tabakstrang länger als 10 cm ist oder deren Tabakinhalt (nach dem Durchschnitt von 1000 Stück berechnet) mehr als 2 g wiegt, gilt jeder diese Grenzen überschreitende Teil für die Steuerberechnung als besondere Einzelzigarette, und zwar von dem für das ganze Erzeugnis maßgebenden Kleinverkaufspreise. Wird Zigarettenpapier in einer Form abgegeben, aus der die Zahl der Einzelhüllen nicht ohne weiteres erkennbar ist (in ganzen Bogen usw.), so sind je 25 qcm als steuerpflichtige Einzelhülle zu betrachten.

(2) Für zum Verkauf eingeführte Zigaretten und Zigarettentabake, für die der inländische Kleinverkaufspreis oder die Preisgrenzen der Steuerklassen nicht spätestens bei der Verzollung angegeben werden, ist die Steuer nach den höchsten Sätzen zu berechnen, und zwar auch dann, wenn der ausländische Verkaufspreis auf der Packung zu ersehen ist.

(3) Gehen ausländische Zigaretten oder Zigarettentabake für den Verbraucher selbst ein, so wird in Ermangelung eines inländischen Kleinverkaufspreises der für die Steuererhebung maßgebende Preis aus dem ausländischen Warenpreis unter Hinzurechnung von Zoll und Zigarettensteuer berechnet. Der ausländische Warenpreis kann durch Vorlegung der Rechnungen oder in sonst glaubhafter Weise nachgewiesen werden. Dabei sind in fremder Währung ausgedrückte Preise nach den in der Tabakzollordnung festgesetzten Mittelwerten umzurechnen. Handelt es sich um marktgängige Zigarettensorten, für die der übliche inländische Kleinverkaufspreis bekannt ist, so kann dieser der Versteuerung zugrunde gelegt werden.

§ 6.

Steuerbefreiungen.

(1) Auf Grund der Ausnahmevorschrift im § 2 Abs. 3 des Gesetzes ist von der Zigarettensteuer und von dem Verpackungszwange (§§ 31 ff.) befreit der unter dem Namen »schwarzer Krauser« zum Verkaufe gelangende feingeschnittene, in der Regel gesoßte Kautabak, der in Steingefäßen aufbewahrt zu werden pflegt und in feuchtem Zustand unverpackt im kleinen abgegeben wird.

(2) Von der Zigarettensteuer und dem Verpackungszwange sind ferner befreit

a) Probezigaretten, die von dem Hersteller oder seinen Angestellten innerhalb der Herstellungsräume lediglich zu dem Zwecke geraucht werden, um die Zigaretten auf ihren Geschmack zu prüfen;

b) Muster von zigarettensteuerpflichtigen Erzeugnissen (Reise-, Schaumuster usw.), deren Verwendung zum Rauchgenusse durch besondere Vorkehrungen, z. B. durch Aufkleben, unmöglich gemacht ist.

(3) Aus dem Ausland eingehende oder zurückkommende zigarettensteuerpflichtige Erzeugnisse, für die aus gesetzlichen oder aus Billigkeitsgründen ein Zoll nicht erhoben wird, können von der für die Zollbefreiung zuständigen Behörde gleichzeitig auch von der Zigarettensteuer frei gelassen werden, wenn sie bis zur Aufnahme in einen inländischen Herstellungsbetrieb oder bis zu ihrer Vernichtung unter Zollaufsicht bleiben.

§ 7.

Kleinverkaufspreis.

(1) Als Kleinverkaufspreis gilt der Preis, zu dem die Ware unmittelbar an den Verbraucher abgegeben wird.

(2) In den Kleinverkaufspreis ist der Preis der in die Hand des Käufers übergehenden Umhüllungen der Waren und — abgesehen vom Feinschnittabak im Kleinverkaufspreise bis zu 3,50 ℳ — auch der Betrag der Zigarettensteuer einzurechnen.

(3) Werden zigarettensteuerpflichtige Erzeugnisse ohne Vorausbestimmung eines Kleinverkaufspreises abgegeben (Geschenk-, Reklamezigaretten, Zigaretten, die der Hersteller, abgesehen von den sogenannten Arbeiterzigaretten, seinen Angestellten unentgeltlich überläßt, usw.), oder werden solche Erzeugnisse von dem Hersteller für den eigenen Verbrauch entnommen, so gilt als Kleinverkaufspreis der Preis, zu dem sie bei einer Abgabe gegen volles Entgelt in die Hand des Verbrauchers übergehen würden.

(4) Sind einzelne Zigaretten von verschiedenem Kleinverkaufspreise zu einer Musterpackung vereinigt, so gilt ihr Durchschnittspreis als Kleinverkaufspreis der Packung.

Zu § 3 des Gesetzes.

§ 8.

Steuerzeichen. 1. Beschaffenheit.

(1) Als Steuerzeichen dienen in folgenden Farben bedruckte Papierstreifen:

1. für Zigaretten und Zigarettentabak
   mattgrün für die Steuerklassen 1a und 2a,
   mattblau » » » 1b » 2b,

mattrot	für	die	Steuerklassen	1c	und	2c,
grau	»	»	»	1d	»	2d,
braun	»	»	»	1e	»	2e,
violett	»	»	»	1f;		

2. für Zigarettenhüllen
orange.

(2) Die Streifen werden aus weißem, mit natürlichem Wasserzeichen (Vierpaßmuster) versehenem Papiere hergestellt und sind durch Linien in 5 Felder geteilt. Von den drei Mittelfeldern enthält das erste die Bezeichnung des versteuerten Gegenstandes (Zigaretten, Zigarettentabak, Zigarettenhüllen) und die Steuerklasse, das zweite die Angabe des Inhalts der Packung nach Menge oder Gewicht (z. B. 10 Stück, 50 g) und außerdem die Angabe der Preisgrenzen, bei Zigaretten für ein Stück, bei Zigarettentabak für ein Kilogramm. Das dritte Feld ist zur Eintragung des Entwertungsvermerkes bestimmt (§ 13).

(3) Die beiden Endfelder der Steuerzeichen sind an den Außenseiten offen und mit einer aus Adler und Krone bestehenden leichten Zeichnung gefüllt. Die Steuerzeichen für Zigaretten und Zigarettentabak sind ohne Gummiaufstrich und ohne Durchlochung, die für Zigarettenhüllen mit Gummiaufstrich und Durchlochung hergestellt.

(4) Die Breite der bedruckten Fläche der Steuerzeichen beträgt:

1. für Zigaretten in Packungen zu 500 und 1000 Stück 20 mm, für sonstige Zigarettenpackungen 14 mm,
2. für Zigarettentabak 20 mm,
3. für Zigarettenhüllen 10 mm;

ihre Länge beträgt:

1. für Zigarettenpackungen bis zu 100 Stück einschließlich 27,5 cm,
2. für Zigarettenpackungen von 500 und 1000 Stück 55 cm,
3. für Zigarettentabak in Packungen bis zu 100 g ausschließlich 32,5 cm,
4. für Zigarettentabak in Packungen von 100 g und mehr 42,5 cm,
5. für Zigarettenhüllen 10 cm, daneben auch 30 cm.

§ 9.

2. Wertbeträge der Steuerzeichen.

(1) Die Steuerzeichen werden in folgenden Wertbeträgen hergestellt:

1. für Zigaretten der Steuerklasse
   a) zu 1, $1^3/_5$, 2, 3, 4, 5, 10, 20, 100 und 200 Pf.,
   b) zu $1^1/_5$, $1^1/_2$, 3, 6, $7^1/_2$, 15, 30 und 150 Pf.,
   c) zu $1^7/_{20}$, $2^1/_4$, $4^1/_2$, 9, $11^1/_4$, $22^1/_2$, 45 und 225 Pf.,
   d) zu $3^1/_4$, $6^1/_2$, 13, $16^1/_4$, $32^1/_2$, 65 und 325 Pf.,
   e) zu $4^3/_4$, $9^1/_2$, 19, $23^3/_4$, $47^1/_2$ und 95 Pf.,
   f) zu $7^1/_2$, 15, 30, $37^1/_2$, 75 und 150 Pf.;
2. für Zigarettentabak der Steuerklasse
   a) zu $1^3/_5$, 2, 4, 6, 8, 10, 16, 20 und 40 Pf.,
   b) zu $3^1/_5$, 4, 8, 12, 16, 20, 32, 40 und 80 Pf.,
   c) zu 6, $7^1/_2$, 15, $22^1/_2$, 30, $37^1/_2$, 60, 75 und 150 Pf.,
   d) zu $9^3/_5$, 12, 24, 36, 48, 60, 96, 120 und 240 Pf.,
   e) zu 14, $17^1/_2$, 35, $52^1/_2$, 70, $87^1/_2$, 140, 175 und 350 Pf.;
3. für Zigarettenhüllen
   zu 4, 5, 6, 9, 10 und 20 Pf.

Nach diesen Wertbeträgen ist der Inhalt der Packungen (§ 32) zu bemessen.

(2) Bleibt der Inhalt einer Packung zwischen zwei Wertbeträgen, so ist für die Packung das Steuerzeichen des höheren Wertbetrags zu verwenden (§§ 32 Abs. 5, 37 Abs. 1 und 4).

§ 10.

3. Herstellung

(1) Die Steuerzeichen werden von der Reichsdruckerei in Bogen zu je 20 Stück mit 2 bis 4 mm Zwischenraum hergestellt. In der oberen rechten Ecke jedes Bogens ist die Zahl der Steuerzeichen, ihr Einzelwert und der Gesamtwert des Bogens aufgedruckt. Zur Erleichterung des gleichmäßigen Durchschneidens der Bogen ist auf jedem Bogen oben und unten ein Nadelpunkt angebracht.

(2) In der Reichsdruckerei werden je 100 Bogen = 2 000 Steuerzeichen in Taschen verpackt. Es werden nur volle Taschen abgegeben. Die Amtsstellen dürfen die von der Reichsdruckerei gelieferten vollen Taschen an Hersteller oder Händler nicht abgeben, ohne vorher die Taschen geöffnet und ihren Inhalt nachgeprüft zu haben. Dabei sind die auf den Taschen angegebenen Vorschriften zu beachten. Die Direktivbehörde kann unter den nötigen Sicherheitsmaßregeln Ausnahmen zulassen.

(3) Die Steuerzeichen sind durch die Landesregierungen gegen Erstattung der Herstellungskosten zu beziehen. Die Preise werden vom Reichsschatzamt festgestellt.

(4) Die Reichsdruckerei liefert Steuerzeichen nur denjenigen Amtsstellen, die ihr von den Regierungen als zum unmittelbaren Bezuge berechtigt bezeichnet sind.

(5) Unbeschädigte Steuerzeichen, die in einem Bundesstaate nicht mehr verwendbar sind, können der Reichsdruckerei zurückgegeben werden, wenn sie sich noch in vollen Taschen zu 100 Bogen befinden oder in Paketen zu 100 Bogen derart vereinigt sind, daß sie ohne weiteres an andere Vertriebsstellen abgegeben werden können. Für die zurückgegebenen Zeichen sind Herstellungskosten nicht zu berechnen.

§ 11.

4. Steuerzeichenvordrucke ohne Wertangabe.

(1) Zur Verwendung durch die Amtsstellen werden für Zigaretten und Zigarettentabak Steuerzeichenvordrucke ohne Angabe des Inhalts der Packung, der Preisgrenzen und der Steuerklasse hergestellt. Sie bestehen für Zigaretten aus mattrotem Papiere mit olivenfarbigem, für Zigarettentabak aus mattblauem Papiere mit braunrotem Aufdruck; sie sind mit Durchlochung und Gummiaufstrich versehen und entsprechen im übrigen den Vorschriften des § 8. Die Vordruckblätter sind in Hefte vereinigt, die hinter jedem Steuerzeichenblatt ein leeres weißes Blatt enthalten, das zur Aufnahme des Abdrucks der durchzuschreibenden Angaben (Abs. 3) bestimmt ist.

(2) Die Steuerzeichenvordrucke sind in der Regel nur zur Versteuerung von Zigaretten und Zigarettentabak zu verwenden, die im Reiseverkehr eingehen oder beim Eingang mit der Post von anderen Personen als Händlern verzollt werden. Sie können ferner bei den von der Direktivbehörde zu bestimmenden Amtsstellen, die nur einen geringen Umsatz

an Steuerzeichen haben, sowie ausnahmsweise als Zuschlagsteuerzeichen (§ 15) und im Falle des § 16 Verwendung finden.

(3) Der Abfertigungsbeamte hat auf dem Vordruck die Steuerklasse sowie die Stückzahl oder das Gewicht der Erzeugnisse und im Entwertungsfelde die Bezeichnung der Amtsstelle nebst seiner Unterschrift mit Tintenstift einzutragen. Der Abdruck der Eintragung wird nach Erhebung des gemäß den § 9, § 12 Abs. 3 Satz 3 und § 32 berechneten Steuerbetrags Beleg zum Zigarettensteuer-Einnahmebuche.

§ 12.

5. Vertrieb und Buchführung.

(1) Der Vertrieb der Steuerzeichen erfolgt durch die von der obersten Landesfinanzbehörde hierfür bestimmten Amtsstellen. Hersteller zigarettensteuerpflichtiger Waren und Händler haben der Vertriebsstelle bei jeder Entnahme von Steuerzeichen einen von ihnen unterzeichneten Bestellzettel nach Muster 1 zu übergeben, aus dem Zahl, Art und Wert der gewünschten Zeichen hervorgeht. Hersteller dürfen ihren Bedarf an Steuerzeichen nur von der Vertriebsstelle beziehen, in deren Bezirke der Herstellungsbetrieb liegt. Die Vertriebsstelle liefert die Zeichen gegen Erlegung oder Stundung des Steuerbetrags.

Muster 1 a und b.

(2) Über die bezogenen Steuerzeichen haben Hersteller zigarettensteuerpflichtiger Waren Bestellbücher nach Muster 2 und 3 zu führen, die der Vertriebsstelle mit dem Bestellzettel vorzulegen sind. Die Vertriebsstelle prüft die Übereinstimmung des Bestellbuchs mit dem Bestellzettel und bescheinigt in ersterem die Lieferung der Steuerzeichen. Wegen der Führung der Bestellbücher gilt die Anleitung auf den Mustern.

Muster 2, 3.

(3) An Hersteller und Händler werden Steuerzeichen der Klassen 1a und b für Packungen zu weniger als 100 Zigaretten sowie Steuerzeichen der Klassen 2a und 3 nur in ganzen Bogen, die übrigen Steuerzeichen auch in halben Bogen abgegeben. Zuschlagsteuerzeichen können einzeln abgegeben werden. Beim Verkaufe von weniger als einem Bogen werden die Wertbeträge auf ganze Pfennige nach oben abgerundet.

(4) Über die Einnahme und Ausgabe an Steuerzeichen und an Heften mit Vordrucken ist bei der Vertriebsstelle ein Steuerzeichenbuch zu führen, dessen Einrichtung und Abschlußfristen die oberste Landesfinanzbehörde bestimmt.

§ 13.

6. Entwertung.

(1) Die Steuerzeichen sind vor ihrer Anbringung vom Hersteller der steuerpflichtigen Erzeugnisse — bei eingeführten Waren vom Bezieher — dadurch zu entwerten, daß seine Firma und deren Sitz handschriftlich mit Tinte oder durch Stempelung oder Druck mit licht- und wasserbeständiger Farbe auf dem dafür vorgesehenen Felde des Steuerzeichens (§ 8) vermerkt wird. An Stelle dieses Entwertungsvermerkes können besondere Entwertungszeichen, bei der Entwertung durch den Hersteller der Erzeugnisse auch gesetzlich geschützte Warenzeichen treten. Nachträgliche Änderungen dürfen an dem Entwertungsvermerke nicht vorgenommen werden.

(2) Die besonderen Entwertungszeichen unterliegen der Genehmigung der Steuerstelle und sind auf ihr Verlangen von Zeit zu Zeit zu wechseln. Will ein Hersteller ein Warenzeichen verwenden, so hat er der Steuerbehörde bei der Mitteilung des Zeichens den Nachweis zu liefern, daß es ihm gesetzlich geschützt ist. Die Steuerbehörden haben über die Waren- und besonderen Entwertungszeichen nach Anordnung der Direktivbehörde fortlaufende Listen zu führen.

(3) Die Entwertung der Steuerzeichenvordrucke ohne Wertangabe erfolgt durch die Abfertigungsbeamten gemäß § 11 Abs. 3.

(4) Wenn die unterlassene oder unvorschriftsmäßige Entwertung von Steuerzeichen (§ 3 Abs. 3 des Gesetzes) nachweislich nur auf ein Versehen zurückzuführen ist, so kann das Hauptamt — zur Vermeidung einer vom Gesetze nicht beabsichtigten Doppelbesteuerung — überhaupt nicht entwertete Steuerzeichen nachträglich durch einen amtlichen Vermerk im Entwertungsfeld entwerten lassen und im Falle unvorschriftsmäßiger Entwertung die Zurücknahme der Packungen in den Herstellungsbetrieb oder die Verwendung neuer Zeichen unter Gewährung von Ersatz für die vorschriftswidrig verwendeten zulassen. Für das Verfahren beim Ersatze sind die Vorschriften im § 24 sinngemäß anzuwenden.

§ 14.

7. Anbringung.

(1) Zu jeder Packung zigarettensteuerpflichtiger Erzeugnisse ist das ihrem Inhalt entsprechende Steuerzeichen zu verwenden. Ausnahmsweise darf eine Packung auch durch mehrere Zeichen ihrer Steuerklasse versteuert werden. Die Anbringung mehrerer Zeichen an einer Packung ist ferner zulässig in den Fällen der § 15, § 32 Abs. 3 und § 37 Abs. 4.

(2) Das Steuerzeichen muß mit einem seiner drei Mittelfelder über die ordentliche Öffnungsstelle der Packung (§ 3 Abs. 1) gelegt werden. Sind mehrere Öffnungsstellen vorhanden, so muß das Steuerzeichen so angebracht werden, daß es alle Öffnungsstellen verschließt und eine der Öffnungsstellen mit einem der drei Mittelfelder bedeckt. Es ist an der Packung sorgfältig und mit gutem Klebestoffe derart zu befestigen, daß seine Loslösung ohne Zerstörung nicht möglich ist. Die drei Mittelfelder müssen in vollem Umfang auf der Packung sichtbar sein, die beiden Endfelder können nach Bedarf übereinandergeklebt, verkürzt oder abgeschnitten werden.

(3) Besteht die Packung von Zigaretten oder Zigarettentabak aus mehreren Umschließungen, von denen die innere vollständig geschlossen ist, so kann das Steuerzeichen um diese gelegt werden, sofern die äußeren Umschließungen zur Prüfung der richtigen Versteuerung sich ohne weiteres öffnen lassen. Auch ist die Anbringung des Steuerzeichens um einen Teil der inneren und einen Teil der äußeren Umschließung zulässig, wenn sich die Packung auf diese Weise vorschriftsmäßig (Abs. 2) verschließen läßt.

(4) Bei sogenannten Luxuspackungen (feinen Metall- oder Pappkasten u. a.), die mit einer Papierhülle umgeben sind, kann das Steuerzeichen an der Papierhülle angebracht werden, sofern letztere derartig umgelegt ist, daß die Luxuspackung ohne Verletzung der Papierhülle oder des Steuerzeichens nicht entnommen werden kann.

§ 15.

Erhöhung der Kleinverkaufspreise.

(1) Will ein Verkäufer (§ 46 Abs. 2) für Zigaretten oder Zigarettentabak den dem Steuerzeichen entsprechenden Kleinverkaufspreis erhöhen, so ist der Mehrbetrag an Steuer, der sich aus der Preiserhöhung ergibt, durch Anbringung von Zuschlagsteuerzeichen zu entrichten. Die ursprünglich verwendeten Steuerzeichen und die Zuschlagzeichen zusammen müssen den Steuerbetrag ausmachen, der nach Erhöhung des Kleinverkaufspreises gemäß § 2 des Gesetzes zu erheben ist. Daß die Zuschlagzeichen auch über die in der Packung enthaltene Stückzahl oder Gewichtsmenge lauten, ist nicht erforderlich. Sie können anstatt vom Verkäufer auch vom Hersteller der Erzeugnisse angelegt werden.

(2) Die Zuschlagzeichen werden von den Vertriebsstellen mit dem Stempelaufdrucke »Zuschlag« versehen. Der Ver-

käufer oder Hersteller (Abs. 1) hat sie dadurch zu entwerten, daß er in das Entwertungsfeld den erhöhten Kleinverkaufspreis handschriftlich mit Tinte oder durch Stempelung oder Druck mit licht- und wasserbeständiger Farbe einträgt.

(3) Als Zuschlagzeichen können ausnahmsweise Steuerzeichenvordrucke verwendet werden, wenn es sich nur um eine geringe Anzahl von Packungen handelt und bei dem Amte die erforderlichen Steuerzeichen nicht vorrätig sind. Im Bestellzettel (§ 12) ist zu vermerken, daß Vordrucke anstatt Steuerzeichen geliefert worden sind. Die Verwendung erfolgt nach § 11 Abs. 3 mit der Maßgabe, daß der Kassenbeamte in dem Vordruck neben der Amtsstelle und seiner Unterschrift den Steuerwert des Zuschlagzeichens angibt. Werden die Vordrucke nicht in Gegenwart der Beamten auf den Packungen befestigt, so ist die Stückzahl oder das Gewicht der Waren in Buchstaben anzugeben.

§ 16.

Arbeiterzigaretten.

(1) Für Zigaretten, die von den Herstellern in der üblichen Weise ihren Arbeitern außer dem Lohne gewährt werden, kann die vorherige Verwendung von Steuerzeichen unterbleiben, wenn der Hersteller sich verpflichtet, in bestimmten Zeiträumen die an die Arbeiter abgegebenen Mengen von Zigaretten unter Angabe der Zahl der Arbeiter der Hebestelle anzumelden und dafür die Steuer nach dem Satze der Steuerklasse 1a zu entrichten. Die Hebestelle hat auf der Anmeldung — ohne Rücksicht auf den Wert der Zigaretten — Steuerzeichen der Klasse 1a oder einen Steuerzeichenvordruck in entsprechendem Betrage zu entwerten.

(2) Das Nähere bestimmen die Direktivbehörden.

§ 17.

Zigarettensteuer-Einnahmebuch.

Muster 4.

Die Hebestelle führt über die Einnahme aus dem Verkaufe von Steuerzeichen und aus der Verwendung von Steuerzeichenvordrucken ein Einnahmebuch in Vierteljahrsabschnitten, für das das Muster 4 als Vorbild dient.

§ 18.

Stundung der Zigarettensteuer.

1. Allgemeine Vorschrift.

(1) Die Zigarettensteuer ist auf Antrag gegen Bestellung voller Sicherheit für eine Frist von 6 Monaten zu stunden.

(2) Die oberste Landesfinanzbehörde bestimmt die Grundsätze, nach denen die Sicherheit zu leisten ist, und die Voraussetzungen, unter denen Stundungen für kürzere Fristen

auch ohne Sicherheitsleistung gewährt oder gestundete Betrage vor Ablauf der Stundungsfrist eingezogen werden können.

§ 19.

2. Stundungsanerkenntnis; Stundungsbetrag.

(1) Der Stundungsnehmer hat der Hebestelle bei jedem Bezuge von Steuerzeichen mit dem Bestellzettel (§ 12) ein Stundungsanerkenntnis über den Steuerbetrag der Zeichen zu übergeben.

(2) Der Betrag jedes Anerkenntnisses muß 10 ℳ erreichen.

§ 20.

3. Stundungsfrist.

(1) Die Stundungsfrist beginnt mit dem Tage der Übergabe der Steuerzeichen.

(2) Die gestundeten Beträge sind spätestens am fünfundzwanzigsten Tage des Monats, in dem die Stundungsfrist abläuft, und wenn dieser Tag ein Sonn- oder Feiertag ist, spätestens am vorhergehenden Werktag einzuzahlen.

§ 21.

Umtausch und Ersatz von Steuerzeichen.

1. Umtausch noch nicht entwerteter Steuerzeichen.

Noch nicht entwertete Steuerzeichen können, wenn sie unbeschädigt sind, bei der Hebestelle gegen solche mit anderen Wertbeträgen unentgeltlich umgetauscht werden. Bereits zerschnittene Bogen werden nur umgetauscht, wenn die Zahl der Steuerzeichen einer Sorte die für den Bezug vorgeschriebenen Mindestmengen (§ 12 Abs. 3) erreicht.

§ 22.

2. Ersatz durch die Hauptämter:

a) für unverwendbare, noch nicht angebrachte Steuerzeichen.

Für noch nicht angebrachte Steuerzeichen, die verdorben oder sonst für den Hersteller oder Einbringer der Erzeugnisse unverwendbar geworden sind, kann auf Anweisung des Hauptamts Ersatz gewährt werden, wenn der Schaden mindestens 1 ℳ beträgt.

§ 23.

b) für bereits angebrachte Steuerzeichen.

(1) Mit Genehmigung des Hauptamts kann für bereits angebrachte Steuerzeichen an den Hersteller oder Einbringer der versteuerten Waren, im Falle zu f auch an den Händler, Ersatz gewährt werden,

a) wenn Steuerzeichen versehentlich nicht in der vorgeschriebenen Weise oder in unrichtigem Steuerbetrag oder an unrichtigen Packungen angebracht oder nach der Anbringung beschädigt worden sind und die Packungen sich noch ungeöffnet in der Erzeugungsstätte oder im amtlichen Gewahrsam befinden;

b) wenn mit Steuerzeichen versehene Packungen ohne vorherige Öffnung in den Herstellungsbetrieb zurückgenommen werden;
c) wenn mit Steuerzeichen versehene bereits geöffnete Packungen in den Herstellungsbetrieb zurückgenommen werden, sofern der Nachweis erbracht werden kann, daß der Inhalt der Packungen nach ihrer Öffnung nicht verändert worden ist;
d) wenn zur Ausfuhr oder Durchfuhr bestimmte Erzeugnisse versehentlich versteuert worden sind, oder wenn für verzollte und versteuerte Erzeugnisse eine Zollerstattung aus Billigkeitsgründen bewilligt wird, in beiden Fällen unter der Voraussetzung, daß die Packungen ungeöffnet und mit unversehrten Steuerzeichen vorgeführt und demnächst nach Vernichtung der Steuerzeichen unter amtlicher Aufsicht in das Ausland verbracht oder in eine Zollniederlage unter amtlichem Mitverschluß aufgenommen werden;
e) wenn im Ausland angelegte Steuerzeichen (§ 37 Abs. 5) bei der amtlichen Vernichtung von verdorben eingegangenen Waren mit zu Grunde gegangen sind;
f) wenn gemäß § 36 eine Umpackung versteuerter Packungen vorgenommen wird.

(2) Der Wert der Steuerzeichen muß in den Fällen zu a und e mindestens 1 *M*, in den übrigen Fällen mindestens 3 *M* betragen.

(3) Der Sachverhalt ist durch einen Oberbeamten, im Falle zu e durch den Vorsteher der Amtsstelle festzustellen. Die Zurücknahme in den Herstellungsbetrieb (Abs. 1 b und c) ist von den Beamten auf der Aufstellung über die Steuerzeichen (§ 24) zu bescheinigen.

§ 24.

3. Verfahren beim Ersatz durch die Hauptämter und beim Umtausch.

(1) Über die Steuerzeichen, deren Umtausch oder deren Ersatz beantragt wird, ist dem Amte eine Aufstellung unter Benutzung des Musters 1 zu übergeben, die bei der Rücklieferung noch nicht entwerteter Steuerzeichen mit der Aufschrift »Rücklieferungszettel« zu versehen ist.

(2) Der Ersatz wird durch Lieferung anderer Steuerzeichen gewährt. Statt dessen kann in den Fällen des § 23

Abs. 1 unter d, e und f der Wertbetrag der vernichteten Steuerzeichen zurückgezahlt werden. Ferner kann mit hauptamtlicher Genehmigung in den Fällen der §§ 21, 22 statt des Umtausches oder Ersatzes eine Rückzahlung des für die Steuerzeichen entrichteten Betrags dann erfolgen, wenn ein Betriebsinhaber die Herstellung oder ein Händler die Einfuhr von zigarettensteuerpflichtigen Erzeugnissen aufgibt.

(3) Verdorbene oder bereits angebrachte Steuerzeichen, für die gemäß §§ 22 oder 23 Ersatz geleistet wird, sind im ersteren Falle beim Hauptamt von zwei Beamten, im Falle des § 23 unter Aufsicht eines der dort genannten und eines zweiten Beamten zu vernichten. Auf Antrag kann die Vernichtung dadurch erfolgen, daß die Mittelfelder der Steuerzeichen mit dem Stempelaufdruck »Ungültig« versehen werden, der in einer seine nachträgliche Beseitigung ausschließenden Stempelfarbe anzubringen ist.

(4) Die Vernichtung der Steuerzeichen ist von den Beamten auf der Aufstellung (Abs. 1) zu bescheinigen. Diese ist als Unterlage für die Aufstellung der jährlichen Nachweisung über den Verkauf von Steuerzeichen der Direktivbehörde vorzulegen.

§ 25

4. Ersatz durch die Hebestellen.

(1) Für angebrachte Steuerzeichen ist von den Hebestellen Ersatz zu leisten,

a) wenn beim Öffnen der Packungen aus Anlaß der Zollabfertigung die im Ausland angelegten Steuerzeichen (§ 37 Abs. 5) vernichtet werden;

b) wenn aus dem Ausland eingegangene, durch die Postverwaltung verzollte und versteuerte Sendungen wegen Annahmeverweigerung oder Unbestellbarkeit unter Beachtung der Vorschriften im § 15 der Postzollordnung in das Ausland zurückgesandt werden.

(2) Der Ersatz ist bei der Hebestelle auf dem Zollpapiere zu beantragen. Er erfolgt im Falle zu a durch unentgeltliche Verabfolgung neuer Steuerzeichen, die unter amtlicher Aufsicht an den Packungen anzulegen sind, im Falle zu b durch Rückzahlung des für die Steuerzeichen entrichteten Geldbetrags nach amtlicher Vernichtung der Steuerzeichen. Von den Beamten ist im ersten Falle die Anbringung, im zweiten Falle die Vernichtung der Steuerzeichen auf dem Zollpapiere zu bescheinigen.

§ 26.

5. Verrechnung der zurückgezahlten Beträge. Erstattung der Herstellungskosten der Steuerzeichen.

(1) Die zurückgezahlten Beträge (§ 24 Abs. 2, § 25) sind bei den Erstattungen für unrichtige Erhebungen usw. nachzuweisen.

(2) Die Landesregierung kann die Ersatzleistung in den Fällen der §§ 22, 23 an die Bedingung knüpfen, daß der Antragsteller die Herstellungskosten für die neuen Steuerzeichen erstattet.

Zu den §§ 3 und 5 des Gesetzes.

§ 27.

Ausfuhr ohne Entrichtung der Steuer.

(1) Zigarettentabak, Zigaretten und Zigarettenhüllen, die vor Anbringung der Steuerzeichen unter Steueraufsicht ausgeführt werden, bleiben von der Zigarettensteuer und dem Verpackungszwange (§§ 31 ff.) befreit. Der Ausfuhr steht die Aufnahme in eine Zollniederlage gleich. Die niedergelegten Erzeugnisse nehmen die Eigenschaft unverzollter Waren an.

(2) Sollen der Zigarettensteuer unterliegende Waren steuerfrei ausgeführt oder niedergelegt werden, so hat der Hersteller bei der Hebestelle einen Begleitschein nach Muster 5 in doppelter Ausfertigung abzugeben. An Stelle des Begleitscheins kann nach näherer Anordnung des Hauptamts eine vereinfachte Anmeldung treten, wenn die Hebestelle gleichzeitig den Ausgang oder die Einlagerung der Waren zu überwachen hat. Muster 5.

(3) Bei der Abfertigung der Waren sowie bei der Ausfertigung, Erledigung, Nachprüfung und Rücksendung der Begleitscheine finden die Vorschriften des Vereinszollgesetzes und die zu seiner Ausführung erlassenen Bestimmungen sinngemäß Anwendung. Sind zigarettensteuerpflichtige Waren versehentlich ohne amtliche Abfertigung und Aufsicht ausgeführt worden, so steht die Entscheidung darüber, ob die Ausfuhr für die Ansprüche der Steuerverwaltung gleichwohl als erwiesen anzusehen ist, dem für den Herstellungsbetrieb zuständigen Hauptamt, in zweifelhaften Fällen der Direktivbehörde zu.

(4) Für zigarettensteuerpflichtige Waren, die im Postverkehr unmittelbar nach Orten außerhalb des Zollgebiets versandt werden, kann das Hauptamt den Ausfuhrnachweis durch

ein vom Hersteller zu führendes Postausgangsbuch zulassen, dessen Muster die Direktivbehörde vorzuschreiben hat. Der Abgabe eines Zigarettenbegleitscheins und einer Abfertigung der Erzeugnisse bedarf es in diesem Falle nicht. Auf Sendungen nach den Zollausschlußgebieten, mit Ausnahme von Helgoland, findet die Vergünstigung keine Anwendung. Die Aufsichtsbeamten sind berechtigt, die zum Versand fertiggestellten Poststücke von der Absendung zurückzuhalten und ihren Inhalt zu ermitteln. Sie haben die Eintragungen im Postausgangsbuche probeweise mit den Büchern and Rechnungen des Versenders zu vergleichen und den Befund im Postausgangsbuche zu vermerken.

§ 28.

Abgabe zur Verarbeitung usw.

1. Zigarettentabak und Zigarettenhüllen.

(1) Sollen feingeschnittener Tabak, einschließlich der Abfälle, oder Zigarettenhüllen aus einem Herstellungsbetriebe für zigarettensteuerpflichtige Erzeugnisse — oder aus dem Zollgewahrsam — unverpackt und unversteuert in einen anderen Betrieb zur weiteren Verarbeitung oder Behandlung (Herstellung von Zigaretten, Zigarettenhülsen und -blättchen, vorschriftsmäßige Verpackung usw. — Gesetz § 3 Abs. 4, § 5 Abs. 1 und 4 —) abgegeben werden, so sind sie der Steuerstelle gemäß § 30 anzumelden. Eine solche Abgabe ist, soweit nicht im Abs. 2 Ausnahmen vorgesehen sind, nur an Empfänger gestattet, die als Inhaber eines Betriebs zur Herstellung zigarettensteuerpflichtiger Erzeugnisse angemeldet sind.

(2) Zigarettenhülsen oder -blättchen dürfen unversteuert und unverpackt auch an Betriebe abgegeben werden, in denen sie nicht zur Herstellung von Tabakerzeugnissen, sondern zu anderen Zwecken, z. B. zu Schokoladenzigaretten oder zu tabakfreien Asthmazigaretten verwendet werden, wenn sie der Hersteller derart kennzeichnet, daß ihre Bestimmung ohne weiteres ersichtlich ist.

(3) Vertrauenswürdigen Händlern kann vom Hauptamt unter besonderen Sicherungsmaßnahmen der Zwischenhandel mit unversteuerten Zigarettenhülsen und -blättchen gestattet werden (§ 38 Abs. 1).

§ 29.

2. Zigaretten.

Das Hauptamt kann auf Antrag widerruflich gestatten, daß die Verpackung von Zigaretten für den Kleinverkauf oder die Vervollständigung ihrer verkaufsfähigen Herstellung

(§§ 32 bis 34) in anderen Betrieben als in der Erzeugungsstätte und bei ausländischen Zigaretten außerhalb des Zollgewahrsams vorgenommen wird. Als ein Teil der Herstellung gilt noch die Anbringung der vorgeschriebenen Bezeichnungen auf der Packung, nicht aber die bloße Anlegung der Steuerzeichen. Der Antragsteller hat sich zu verpflichten, die Zigaretten nur an solche Empfänger abzugeben, die als Inhaber eines Zigarettenherstellungsbetriebs angemeldet sind.

§ 30.

3. Anmeldung und Überwachung der Versendung. Haftung für die Steuer.

Muster 6.

(1) Die Erzeugnisse (§§ 28, 29) sind vor der Versendung in einem doppelt auszufertigenden Vordruck nach Muster 6 anzumelden, in dem der Versender gleichzeitig die Verpflichtung übernimmt, für die darauf ruhende Steuer solange zu haften, bis die Erzeugnisse in den Betrieb des Empfängers aufgenommen und in dessen Betriebsbuche (§§ 42, 43) angeschrieben worden sind. Die Steuerbehörde überzeugt sich von der Abgabe und übersendet eine Ausfertigung der Anmeldung dem für den Empfänger zuständigen Amte, das wegen Prüfung der Anschreibung der Erzeugnisse im Betriebsbuch das Erforderliche zu veranlassen hat. Für Betriebe, in denen derartige Versendungen häufiger vorkommen, und für Sendungen innerhalb desselben Hebebezirkes kann die Direktivbehörde oder mit ihrer Ermächtigung das Hauptamt Erleichterungen in der Anmeldung zulassen. Die Direktivbehörde hat darüber Bestimmung zu treffen, in welcher Weise das für den Empfänger zuständige Amt zu benachrichtigen ist.

(2) Der Eingang der Anmeldungen oder sonstigen Benachrichtigungen ist dem absendenden Amte am 15. jedes Monats zu bestätigen. Die Anmeldungen werden am Jahresschlusse den Betriebsbüchern beigefügt. Über die Absendung und den Eingang der Anmeldungen sind erforderlichenfalls Vormerkbücher zu führen.

(3) Von der Aufsicht über die Verwendung bei dem empfangenden Betriebe kann das Hauptamt in den Fällen des § 28 Abs. 2 Abstand nehmen.

(4) Auf Antrag kann von dem Hauptamt Herstellern von Zigarettenhüllen für diejenigen Hülsen oder Blättchen, die sie als Muster an Zigarettenhersteller unverpackt versenden, die Anmeldung nach Abs. 1 erlassen werden, wenn

sie die Muster versteuern und über deren Versendung nach näherer Vorschrift der Direktivbehörde Buch führen. Auf das Verfahren bei der Versteuerung ist § 16 sinngemäß anzuwenden.

(5) Die Steuerstellen haben den Versendern auf Anfragen über die Anmeldung von Betrieben Auskunft zu erteilen.

Zu § 5 des Gesetzes.

§ 31.

Verpackungszwang.

Von dem Verpackungszwange (§ 5 Abs. 1 des Gesetzes) ist feingeschnittener Tabak befreit, wenn sein Kleinverkaufspreis 3,50 ℳ oder weniger für 1 kg beträgt.

§ 32.

1. Packungen. a) Größe.

(1) Die Größe der Packungen wird entsprechend den im § 9 angegebenen Wertbeträgen der Steuerzeichen festgesetzt:

1. für Zigaretten
   der Steuerklasse 1a zu 5, 8, 10, 15, 20, 25, 50, 100, 500 und 1000 Stück,
   der Steuerklasse 1b zu 4, 5, 10, 20, 25, 50, 100 und 500 Stück,
   der Steuerklasse 1c zu 3, 5, 10, 20, 25, 50, 100 und 500 Stück,
   der Steuerklasse 1d zu 5, 10, 20, 25, 50, 100 und 500 Stück,
   der Steuerklasse 1e zu 5, 10, 20, 25, 50 und 100 Stück,
   der Steuerklasse 1f zu 5, 10, 20, 25, 50 und 100 Stück;
2. für Zigarettentabak sämtlicher Steuerklassen zu 20, 25, 50, 75, 100, 125, 200, 250 und 500 g;
3. für Zigarettenhüllen zu 40, 50, 60, 90, 100 und 200 Stück.

(2) Zigarettenpackungen von mehr als 100 Stück (Steuerklassen 1a, 1b, 1c und 1d) sind nur dann zulässig, wenn jede einzelne Zigarette Firma und Sitz des Herstellers oder Händlers trägt. Diese Angaben können durch ein dem Hersteller gesetzlich geschütztes, der Hebestelle gemäß § 13 Abs. 2 mitzuteilendes Warenzeichen ersetzt werden.

(3) Packungen von Zigarettenhüllen können mit einem Vielfachen der im Abs. 1 Ziffer 3 angegebenen Stückzahlen oder mit einer sich aus diesen Stückzahlen zusammensetzenden Menge, und zwar bis zu 1000 Stück hergestellt und abgegeben werden. Die vergrößerten Packungen sind mit der entsprechenden Zahl von Steuerzeichen zu versehen.

(4) Bei den Packungen von Zigarettentabak bleiben durch Austrocknen oder Anziehen von Feuchtigkeit verursachte Gewichtsunterschiede bis zu 20 v. H. unberücksichtigt.

(5) Mit Genehmigung des Hauptamts können bei nachgewiesenem Bedürfnis, beispielsweise für selbsttätige Verkaufsvorrichtungen, Packungen zugelassen werden, deren Inhalt zwischen den im Abs. 1 angegebenen Grenzen bleibt. In diesem Falle ist die Steuer gemäß § 9 Abs. 2 zu entrichten und vom Hersteller in Abteilung 2 des Betriebsbuchs (§ 42) ein Vermerk über den tatsächlichen Inhalt der Packungen zu machen.

§ 33.

b) Einrichtung.

(1) Die Umschließungen der Zigaretten und des Zigarettentabaks dürfen aus Holz, Zellstoff, Gelatine, Pappe, Papier, Zinnfolie oder sonstigem Metall, diejenigen der Zigarettenhüllen nur aus Papier oder Pappe bestehen. Sie müssen ihren Inhalt vollständig umgeben und so eingerichtet sein, daß sie ohne wahrnehmbare Verletzung nur an einzelnen, als zur Öffnung bestimmt erkennbaren Stellen geöffnet werden können, und daß der Inhalt nur nach Öffnung dieser Stellen entnommen werden kann. Die ordentlichen Öffnungsstellen der Packungen müssen so angeordnet und die Verschließung dieser Stellen muß so eingerichtet sein, daß ihre Öffnung nicht ohne Zerreißung des Steuerzeichens (§ 14 Abs. 2) erfolgen kann.

(2) Um eine Besichtigung des Inhalts durch den Käufer zu ermöglichen, können die Packungen auf der Schauseite mit einem durchsichtigen Deckel aus Glas, Zellhorn und dergleichen, bei Zigaretten auch mit einem rahmenartigen Ausschnitt oder mit gitterartigen Öffnungen versehen werden. In letzteren Fällen muß die Packung derartig sein, daß die Entnahme von Zigaretten und die Wiederfüllung der Packung nicht ausführbar ist, ohne diese oder das Steuerzeichen zu verletzen.

(3) Sind innerhalb einer größeren Umschließung Zwischenpackungen enthalten, so sind diese als Packungen im Sinne des § 5 des Gesetzes zu versteuern, wenn sie vorschriftsmäßig verschlossen werden können. Andernfalls ist das Steuerzeichen an der größeren Umschließung anzulegen.

§ 34.

c) Bezeichnung.

(1) Auf jeder Packung ist der Inhalt, für Zigaretten und Zigarettenhüllen nach ihrer Stückzahl, für Zigarettentabak nach seinem Eigengewicht, in Druckschrift anzugeben.

(2) Die Vorschrift, daß auf jeder Packung der Kleinverkaufspreis oder die Preisgrenzen der Steuerklasse in Druckschrift anzugeben sind, gilt auch dadurch als erfüllt, daß die entsprechenden Angaben in dem mittelsten Felde des Steuerzeichens enthalten sind.

(3) Auf jeder Packung ist Name und Sitz der Firma des Herstellers oder des Händlers ersichtlich zu machen. Diese Forderung gilt als erfüllt, wenn Name und Sitz der Firma des Herstellers oder — bei gewerbsmäßigem Bezug aus dem Ausland — des Beziehers anstatt auf der Packung selbst im Entwertungsvermerk auf dem Steuerzeichen angegeben sind. Die Angabe von Firma und Sitz des Herstellers kann auch durch ein ihm gesetzlich geschütztes, gemäß § 13 Abs. 2 der Hebestelle mitzuteilendes Warenzeichen ersetzt werden.

§ 35.

Feingeschnittener Tabak ist nur dann von der Zigarettensteuer befreit, wenn die Preisangabe auf der Verpackung oder — sofern der Tabak unverpackt im kleinen abgegeben wird — auf dem Behältnis, aus dem der Verkauf unmittelbar erfolgt, auch für den Käufer unzweifelhaft erkennen läßt, daß der Kleinverkaufspreis nicht mehr als 3,50 *M* für 1 kg beträgt. Eine Angabe des Gewichts der Packung neben der Preisangabe ist bei diesem Tabak nicht erforderlich.

§ 36.

2. Umpackung.

Auf Antrag können die Hauptämter Herstellern und Händlern gestatten, zigarettensteuerpflichtige Waren, die sich in versteuerten Packungen befinden, unter amtlicher Aufsicht ohne nochmalige Steuerentrichtung umzupacken (§ 23 Abs. 1 unter f). Wegen der Vernichtung der an den ursprünglichen

Packungen befindlichen Steuerzeichen und der Lieferung neuer Steuerzeichen gelten die Bestimmungen in den § 24 und § 26 Abs. 2. Die Entwertung der an den neuen Packungen unter amtlicher Aufsicht anzulegenden Steuerzeichen hat durch den Antragsteller zu erfolgen. Ist er nicht zugleich Hersteller oder Einbringer der Erzeugnisse, dann hat er dem Entwertungsvermerke den Buchstaben U (Umpackung) beizufügen. Für die Beaufsichtigung der Umpackung und Anlegung der Steuerzeichen sind nach der Zollgebührenordnung Gebühren zu entrichten.

Zu § 6 des Gesetzes.

§ 37.

Verpackung und Anlegung der Steuerzeichen bei eingeführten Erzeugnissen.

(1) Ausländische zigarettensteuerpflichtige Waren, deren Packungen hinsichtlich Größe, Einrichtung oder Bezeichnung den Vorschriften nicht entsprechen, dürfen zur Einfuhr in das Inland nur dann zugelassen werden, wenn der Einbringer sich bereit erklärt, sie vorschriftsmäßig zu verpacken oder umzupacken oder sie, wenn lediglich die Größe der Packung nicht dem § 32 entspricht, zu dem Satze für die nächstgrößere Packung zu versteuern. Die Verpackung oder Umpackung im Inland hat, sofern nicht von der Vergünstigung der §§ 28 bis 30 Gebrauch gemacht wird, unter amtlicher Aufsicht zu erfolgen, für die nach der Zollgebührenordnung Gebühren zu entrichten sind.

(2) Die Anbringung der Steuerzeichen hat vor oder bei der Zollabfertigung stattzufinden. Die Waren dürfen erst aus dem Zollgewahrsam freigegeben werden, nachdem die Amtsstelle von der vorschriftsmäßigen Anlegung und Entwertung der Steuerzeichen Überzeugung genommen und dies in dem Zollpapiere bestätigt hat. Für Zigaretten kann das Hauptamt zuverlässigen Händlern auf Antrag gestatten, die Steuerzeichen außerhalb der Amtsstätte in ihren Geschäftsräumen nach der Verzollung an die Packungen anzulegen. Der Händler hat in diesem Falle im Anschluß an die Zollabfertigung die zur Versteuerung erforderlichen Steuerzeichen entwertet den Abfertigungsbeamten vorzulegen und über den Zu- und Abgang der Zigaretten nach Vorschrift des Hauptamts Buch zu führen. Zur Festhaltung der Nämlichkeit der Zigaretten und wegen Prüfung der vorschriftsmäßigen Versteuerung trifft das Hauptamt Anordnung.

(3) Für die innerhalb der ordentlichen Dienststunden stattfindende Aufsicht über die Anbringung der Steuerzeichen werden Gebühren nicht erhoben.

(4) Gehen Erzeugnisse, die zweifellos nicht zum Handel bestimmt sind, in unvorschriftsmäßigen Packungen ein, so kann das Amt von dem Verlangen einer Umpackung absehen und die Versteuerung unter Beachtung von § 5 Abs. 3 und § 9 Abs. 2 vornehmen. Geht die Größe der Packungen über die im § 32 für die einzelnen Steuerklassen festgesetzte Höchstgrenze hinaus, so sind die Packungen mit der ihrem Inhalt entsprechenden Anzahl von Steuerzeichen zu versehen.

(5) Unter den von der obersten Landesfinanzbehörde festzusetzenden Bedingungen kann die Direktivbehörde Großhändlern auf Ansuchen widerruflich gestatten, an dem ausländischen Herstellungsorte der Waren die Steuerzeichen anbringen und ihre Entwertung (§ 13) vornehmen zu lassen.

Zu den §§ 7 bis 10 des Gesetzes.

§ 38.

Vorschriften für die Betriebe. 1. Anmeldungen usw. Beleghefte.

(1) Wie Zigarettentabak und Zigaretten (§ 7 Abs. 2 des Gesetzes) dürfen auch Zigarettenhüllen (§ 4) nur in den angemeldeten Betriebsräumen gewerbsmäßig hergestellt werden. Händler, die unversteuertes Papier besitzen, das erst bei ihnen oder durch den Absatz an Hersteller von Zigaretten, Zigarettenhülsen oder -blättchen oder an Händler mit solchen oder Verbraucher die Bestimmung als Zigarettenpapier erhält, sind wie Hersteller von Zigarettenhülsen und -blättchen zu behandeln. Das gleiche gilt für Händler, denen der Zwischenhandel mit unversteuerten Zigarettenhülsen und -blättchen gemäß § 28 Abs. 3 gestattet ist.

(2) Anmeldepflichtig sind auch Betriebe, in denen die bei der Herstellung von Zigaretten oder Zigarettentabak verbliebenen Abfälle weiter verarbeitet werden.

(3) Die in den §§ 7 bis 10 des Gesetzes vorgeschriebenen Anzeigen und Beschreibungen sind dem zuständigen Amte in zwei Ausfertigungen einzureichen und von diesem sofort dem Oberkontrolleur zuzustellen, der ihre Richtigkeit feststellt und auf beiden Ausfertigungen bestätigt. Eine Ausfertigung der Anzeigen usw. bleibt bei dem Amte als Beleg zu

einem dort nach näherer Anweisung der Direktivbehörde zu führenden Verzeichnis der im Hebebezirke vorhandenen Betriebe, die sich mit der Herstellung zigarettensteuerpflichtiger Waren befassen. Die zweiten Ausfertigungen sind dem Betriebsinhaber oder Betriebsleiter zurückzugeben, von diesem zu einem Belegheft zu vereinigen und in den Betriebsräumen nach näherer Bestimmung des Oberkontrolleurs aufzubewahren.

(4) Die im § 8 Abs. 2 des Gesetzes vorgeschriebene Änderungsanzeige ist auch bei Aufgabe des Betriebs zu erstatten.

§ 39.

2. Anmeldung der Heimarbeiter.

Die Verpflichtung zur Anmeldung der Betriebs- und Lagerräume erstreckt sich auch auf die von einem Betriebsinhaber etwa beschäftigten Heimarbeiter, soweit nicht auf Grund des § 45 Abs. 1 Satz 2 eine Ausnahme zugelassen ist. Haben die Heimarbeiter keine gesonderten Arbeitsräume, so gilt die Verpflichtung als erfüllt durch die Aufnahme von Name und Wohnung der Heimarbeiter in das Heimarbeitsbuch (§ 45). Andernfalls sind die Arbeitsräume nach § 7 Abs. 1 des Gesetzes zu beschreiben, wobei die Direktivbehörde Erleichterungen zulassen kann.

§ 40.

3. Angaben über die Verpackungsart und Hinterlegung von Verpackungsproben.

(1) Angaben über die Verpackungsart der Waren (§ 8 des Gesetzes) sind in allen Fällen zu verlangen. Sie haben sich auch darauf zu erstrecken, in welcher Weise bei den einzelnen Verpackungsarten die Anbringung der Steuerzeichen beabsichtigt ist.

(2) Die Hinterlegung von Probepackungen ist insbesondere dann zu fordern, wenn sie der allgemein üblichen Verpackungsart nicht entsprechen. In der Regel genügt es, ihre Hinterlegung ohne Inhalt zu verlangen.

(3) Die Entschädigungen für die Proben sind von den Bundesstaaten aus der Verwaltungskostenvergütung zu entrichten.

(4) Bestehen bei der Steuerstelle Zweifel, ob die Verpackungen und die Art der Anbringung der Steuerzeichen den Vorschriften entsprechen, so ist die Entscheidung der Direktivbehörde einzuholen.

Zu den §§ 11 und 12 des Gesetzes.

§ 41.

4. Lagerung der fertigen Erzeugnisse.

(1) Die der Zigarettensteuer unterliegenden Waren sind, nachdem sie die Verpackung für den Kleinverkauf erfahren haben, in die für ihre Lagerung angemeldeten Räume zu bringen. Sind für die Lagerung keine besonderen Räume bestimmt, so sind die Teile der Betriebsräume, wo die Lagerung erfolgen soll, durch eine Tafel mit der Aufschrift: »Lagerstelle für Zigaretten«, »Lagerstelle für Zigarettentabak« oder »Lagerstelle für Zigarettenhüllen« kenntlich zu machen. Außerhalb der für sie bestimmten Räume und Lagerstellen dürfen verpackte Erzeugnisse nicht aufbewahrt werden. Die Lagerung hat getrennt nach Warengattungen und gleichartigen Packungen in übersichtlicher Weise zu erfolgen. Die bereits mit Steuerzeichen versehenen Packungen sind auch nach Steuerklassen zu trennen.

(2) Die noch nicht verpackten fertigen Erzeugnisse sind derart (in Kisten, Schragen usw.) zu verwahren, daß ihr Gewicht jederzeit festgestellt werden kann. Die nötigen Wiegegeräte hat der Betriebsinhaber zur Verfügung zu stellen.

§ 42.

5. Buchführung. a) Über Erzeugnisse.

Muster 7, 8, 9.

(1) Hersteller von Zigaretten, Zigarettentabak sowie Zigarettenhülsen und -blättchen haben über den Zu- und Abgang dieser Erzeugnisse Bücher nach Muster 7, 8 und 9 (Betriebsbuch A, B, C) zu führen, in denen die hergestellten und die aus der Betriebsstätte versteuert oder unversteuert entfernten Erzeugnisse nachzuweisen sind.

(2) In diesen Büchern sind am Schlusse bestimmter, nach Anhörung des Betriebsinhabers vom Hauptamt festzusetzender Zeitabschnitte von längstens einer Woche die während dieses Zeitabschnitts hergestellten sowie die nach Versteuerung entfernten Erzeugnisse nachzuweisen. Mit Genehmigung des Hauptamts kann die Anschreibung von Zigaretten erst dann erfolgen, wenn ihre Verpackung für den Kleinverkauf vollendet ist. Aus dem Ausland oder aus anderen Betrieben bezogene Erzeugnisse sind alsbald nach ihrem Eingang mit besonderer Eintragung in Abteilung 1 in Zugang zu stellen. Erzeugnisse, die gemäß §§ 27 bis 30 unversteuert entfernt werden sollen,

sind spätestens bei der Entfernung in Abteilung 1 nachzuweisen. Die Abschreibung der unversteuert entfernten Erzeugnisse hat mit ihrer Entfernung zu erfolgen. Versteuerte Erzeugnisse sind getrennt nach Steuerklassen abzuschreiben. Im übrigen haben die Eintragungen nach der Anleitung auf dem Muster zu geschehen.

(3) Zigarettenhersteller, die Zigarettentabak oder Zigarettenhülsen und -blättchen nur für den Gebrauch im eigenen Betriebe anfertigen, brauchen über diese Zwischenerzeugnisse ein Betriebsbuch B oder C nicht zu führen.

§ 43.

b) über Rohstoffe (Tabak und Hüllen).

(1) Hersteller von Zigarettentabak und Zigaretten haben über den zur Verarbeitung bezogenen geschnittenen oder ungeschnittenen Tabak, Hersteller von Zigarettenhülsen oder -blättchen über das zur Verarbeitung bezogene Zigarettenpapier Bücher nach Muster 10 und 11 (Betriebsbuch D, E) zu führen. Für kleine Betriebe kann das Hauptamt die Vereinigung dieser Bücher mit den im § 42 vorgeschriebenen Büchern nach einem vereinfachten Muster zulassen. Hersteller von Zigarettenpapier haben über das erzeugte oder bezogene Zigarettenpapier in einem Betriebsbuch An- und Abschreibungen zu führen, dessen Muster das Hauptamt vorschreibt. Dieses kann auch Zigarettenherstellern, die Hülsen oder Blättchen nur für ihren eigenen Betrieb anfertigen, und Zigarettenherstellern, die fertige Hülsen oder Blättchen nur für ihren eigenen Betrieb beziehen, eine Buchführung über die bezogenen Mengen an Zigarettenpapier oder Zigarettenhülsen und -blättchen vorschreiben.

Muster 10, 11.

(2) In den Betriebsbüchern D und E ist jeder Zugang in den Betrieb sofort anzuschreiben und jede unverarbeitet aus dem Betrieb abgegebene Menge unter Angabe des Empfängers sofort abzuschreiben. Die zur Verarbeitung im Betrieb entnommenen Mengen sind übereinstimmend mit den Anschreibungen in den Betriebsbüchern A, B und C abzuschreiben.

(3) In gemischten Betrieben, d. h. in Betrieben, die neben Zigaretten und Zigarettentabak auch Erzeugnisse herstellen die nicht unter das Zigarettensteuergesetz fallen, ist sämtlicher zollzuschlagfrei oder zum ermäßigten Steuersatze bezogene Tabak (§ 2 Abs. 4 und § 11 des Tabaksteuergesetzes) im Betriebsbuch D anzuschreiben, wenn die beiden Betriebszweige sowohl

hinsichtlich der Herstellung der Erzeugnisse als der Lagerung des Tabaks vollständig von einander getrennt sind. Ist die vollständige Trennung der beiden Betriebszweige nicht durchgeführt und wird deshalb sämtlicher Tabak nur gegen Entrichtung des Zollzuschlags oder des höheren Steuersatzes bezogen, so ist im Betriebsbuch D nur der Tabak anzuschreiben, der zur Herstellung zigarettensteuerpflichtiger Waren bestimmt ist.

(4) Wegen des Weiterverkaufs von zollzuschlagfreien oder inländischen steuerbegünstigten, im Betriebsbuch D angeschriebenen Tabakblättern einschließlich der Abfälle kommen neben den Ausführungsbestimmungen zum Zigarettensteuergesetze die Vorschriften der Tabakzollordnung zur Anwendung. Die Abgabe an einen anderen Hersteller zigarettensteuerpflichtiger Erzeugnisse, z. B. zum Schneiden oder zur Anfertigung von Zigaretten, ohne daß ein Verkauf vorliegt, ist nach § 30 zu behandeln.

§ 44.

6. Bestandsaufnahmen.

(1) Jährlich mindestens einmal ist durch einen Oberbeamten der Bestand an Erzeugnissen, die der Zigarettensteuer unterliegen, festzustellen und mit den abzuschließenden Betriebsbüchern zu vergleichen. Die Bestandsaufnahme hat sich auch auf die in den Betriebsbüchern D und E (§ 43) angeschriebenen Waren zu erstrecken. Die Vorräte können probeweise ermittelt werden.

(2) Bei der Bestandsaufnahme ist auch probeweise zu prüfen, ob die Anschreibungen in Abteilung 2 der Betriebsbücher A, B, C (Abgang an versteuerten Erzeugnissen) mit den Bestellbüchern (§ 12) in Einklang stehen.

(3) Die Verhandlung über die Bestandsaufnahme wird dem Hauptamt vorgelegt, das wegen der Versteuerung von Fehlmengen gemäß § 11 des Gesetzes Entscheidung trifft. Die Betriebsbücher sind nach der Bestandsaufnahme nötigenfalls durch Anschreibung der Mehrmenge oder Abschreibung der Fehlmenge zu berichtigen.

§ 45.

7. Aufsichtsmaßnahmen für die Heimarbeit.

(1) Betriebsinhaber, die Heimarbeiter beschäftigen, haben nach näherer Anordnung der Direktivbehörde ein besonderes Buch (Heimarbeitsbuch) zu führen, in dem, für jeden Heimarbeiter gesondert, die Abgabe von Tabak oder Zigaretten-

hüllen und die Rücklieferung der daraus hergestellten Erzeugnisse einzutragen ist und etwaige Gewichts- oder Mengenunterschiede festzustellen sind. Die Direktivbehörde kann Betriebsinhaber bei nachgewiesenem Bedürfnis von der Führung des Heimarbeitsbuchs und von der Anmeldung gemäß § 39 für diejenigen Arbeiter befreien, die lediglich nach Schluß der Fabrikarbeit in ihren Behausungen aus Zigarettenblättchen Hülsen herstellen und diese am nächsten Tage an die Fabrik zurückliefern. Die nötigen Sicherheitsmaßnahmen trifft die Direktivbehörde.

(2) Ergeben sich bei der Rücklieferung Fehlmengen, die den gewöhnlichen Verarbeitungsabgang überschreiten, so hat der Betriebsinhaber der Amtsstelle davon Anzeige zu erstatten.

(3) Für die Verbringung fertiger Erzeugnisse von der Wohnung des Heimarbeiters nach der Fabrik haben die Vorschriften in § 3 Abs. 1 und § 5 Abs. 1 des Gesetzes keine Geltung.

(4) Die Bestimmungen des § 49 über den Kleinhandel finden auch auf die Heimarbeiter Anwendung.

Zu den §§ 13 bis 15 des Gesetzes.

§ 46.

Steueraufsicht.

(1) Die Zahl und die Ausführung der amtlichen Prüfungen in den zigarettensteuerpflichtigen Betrieben bestimmt das Hauptamt.

(2) Das gleiche gilt für die nach § 15 des Gesetzes zulässigen Prüfungen in den Verkaufsstellen für Zigarettentabak, Zigaretten und Zigarettenhüllen. Konsumvereine, Kasinos, Logen und ähnliche Vereinigungen gelten auch dann als Händler, wenn sie zigarettensteuerpflichtige Erzeugnisse nur an ihre Mitglieder oder nur in ihren eigenen Räumen abgeben.

(3) Oberbeamte der Steuerverwaltung sind die Oberkontrolleure und die gleichgestellten oder übergeordneten Beamten. Die ihnen beigelegten Befugnisse können von der Direktivbehörde anderen Beamtenklassen, vom Hauptamt einzelnen anderen Beamten dauernd oder vorübergehend übertragen werden.

§ 47.

Die Vorschrift im § 13 Abs. 1 des Gesetzes erstreckt sich auch auf die entsprechenden Räume der Heimarbeiter.

§ 48.

Ständige amtliche Aufsicht.

Für Betriebe, in denen auf Antrag die Herstellung von zigarettensteuerpflichtigen Waren in steuerlich abgeschlossenen Räumen unter ständiger amtlicher Überwachung erfolgt, kann die Direktivbehörde Erleichterungen in den Vorschriften der §§ 38 bis 45 unter Anordnung der erforderlichen Aufsichtsmaßnahmen zulassen.

Zu den §§ 9, 15 und 16 des Gesetzes.

§ 49.

Vorschriften für den Kleinhandel.

1. Kleinhandel durch tabakverarbeitende Betriebe und Hersteller von Zigarettenhüllen.

(1) Den Inhabern tabakverarbeitender Betriebe jeder Art sowie den Herstellern von Zigarettenhüllen ist der Kleinhandel mit zigarettensteuerpflichtigen Waren nur in einem von dem Herstellungsraum völlig getrennten Raume gestattet. Der Verkaufsraum gilt für die von dem Betriebsinhaber selbst hergestellten zigarettensteuerpflichtigen Waren nicht als Teil der Erzeugungsstätte im Sinne des § 3 Abs. 1 des Gesetzes. In dem Verkaufsraum dürfen weder unversteuerter Zigarettentabak noch unversteuerte Zigarettenhüllen, noch zur Zigarettenherstellung geeignete Einrichtungen oder Werkzeuge vorhanden sein. Das Feilhalten einfacher Zigarettenroller oder Hülsenstopfer, wie sie von Verbrauchern zur Selbstherstellung von Zigaretten benutzt werden, fällt jedoch nicht unter dieses Verbot.

(2) Von einer völligen Trennung der Räume kann das Hauptamt bei Kleinhändlern, die das Vertrauen der Verwaltung genießen, absehen, wenn sie lediglich Tabak zu Zigarren verarbeiten und ihr Betrieb zur Herstellung anderer Tabakerzeugnisse als Zigarren nicht eingerichtet ist.

§ 50.

2. Einzelverkauf von Zigaretten und Zigarettentabak durch Kleinhändler.

(1) Der Einzelverkauf von Zigaretten ist nur in der Weise zulässig, daß sie unmittelbar aus den zugehörigen, mit Steuerzeichen versehenen Umschließungen entnommen und dem Käufer eingehändigt werden. Das gleiche gilt für den Verkauf von losem Zigarettentabak. Bei Öffnung der Packungen ist eines der drei Mittelfelder des Steuerzeichens unter Beachtung der Vorschrift im Abs. 4 zu zerreißen oder zu zerschneiden. Aus Luxuspackungen, an denen das

Steuerzeichen gemäß § 14 Abs. 4 angebracht ist, ist der Einzelverkauf nicht gestattet.

(2) In den Verkaufsstätten darf für den Einzelverkauf von jeder nach Handelsmarke oder Kleinverkaufspreis verschiedenen Sorte nur eine Umschließung geöffnet sein. Die Hauptämter sind jedoch ermächtigt, auf Antrag bei nachgewiesenem Bedürfnis widerruflich zu gestatten, daß von den in der Verkaufsstätte gangbarsten Sorten mehrere Packungen für den Einzelverkauf offen gehalten werden. Diese Vergünstigung ist an folgende Bedingungen zu knüpfen:

a) Der Verkäufer hat in der Verkaufsstätte neben dem im § 51 vorgeschriebenen Aushang ein amtlich ausgefertigtes Verzeichnis derjenigen Sorten anzubringen, von denen mehr als eine Packung offen gehalten werden darf.

b) Er hat ferner, wenn nicht jede einzelne Zigarette Firma und Sitz des Herstellers oder ein diesem geschütztes Warenzeichen trägt, auf den geöffneten Packungen den Tag der Öffnung mit Tinte oder Stempelaufdruck zu vermerken. Nach Lage des Einzelfalls können außerdem die Hauptämter noch besondere Aufsichtsmaßnahmen anordnen.

(3) Von der Vergünstigung des Abs. 2 sind Kleinhändler ausgeschlossen, die den Zigarettenverkauf allein oder nur zusammen mit Familienangehörigen betreiben und gleichzeitig selbst Hersteller von Zigaretten sind (§ 52).

(4) Solange aus den geöffneten Umschließungen verkauft wird, ist das daran angebrachte Steuerzeichen in allen Teilen erkennbar zu erhalten. Ist der ganze Inhalt der Umschließung verkauft, so ist diese durch Beseitigung oder Unkenntlichmachung des Steuerzeichens zur Wiederverwendung als Packung für Zigaretten oder Zigarettentabak unbrauchbar zu machen und — mit Ausnahme der im § 53 vorgesehenen Fälle — aus der Verkaufsstätte zu entfernen.

(5) Mit Genehmigung des Hauptamts kann der Einzelverkauf von Zigaretten durch selbsttätige Verkaufsvorrichtungen erfolgen. In diesem Falle ist jede einzelne Zigarette in der im § 32 Abs. 2 angegebenen Weise zu bezeichnen. Die übrigen Sicherheitsmaßnahmen trifft die Direktivbehörde.

§ 51.

(1) Ein Aushang gemäß § 15 Abs. 2 des Gesetzes ist in allen Verkaufsstätten für Zigaretten und Zigarettentabak zu fordern, deren Inhaber nicht ausdrücklich auf den Einzelverkauf dieser Erzeugnisse verzichten und eine schriftliche Erklärung hierüber der Steuerstelle abgeben. Der Aushang wird in Druckschrift mit mindestens $^1/_2$ cm großen Buchstaben hergestellt und bei der Anmeldung von der Steuerbehörde unentgeltlich geliefert. Er hat folgende Vorschriften zu enthalten:

1. Zigaretten und Zigarettentabak dürfen zu keinem höheren als dem aus den Steuerzeichen ersichtlichen Preise verkauft werden.
2. Jede Packung muß ein unverletztes Steuerzeichen tragen.
3. Der Einzelverkauf von Zigaretten ist nur in der Weise zulässig, daß sie unmittelbar aus den zugehörigen, mit Steuerzeichen versehenen Packungen entnommen und dem Käufer eingehändigt werden. Das gleiche gilt für den Verkauf von losem Zigarettentabak. Der Verkäufer hat beim Öffnen der Packung eines der drei Mittelfelder der Steuerzeichen zu zerreißen oder zu zerschneiden, jedoch dafür Sorge zu tragen, daß das Steuerzeichen, solange aus der Packung verkauft wird, erkennbar bleibt.
4. Geöffnete Packungen dürfen nicht nachgefüllt werden. Sie sind nach völliger Entleerung durch Beseitigung oder Unkenntlichmachung des Steuerzeichens zur Wiederverwendung als Packung für Zigaretten oder Zigarettentabak unbrauchbar zu machen und aus der Verkaufsstätte zu entfernen.
5. Will ein Verkäufer für Zigaretten oder Zigarettentabak den dem Steuerzeichen entsprechenden Kleinverkaufspreis erhöhen, so ist der Steuerunterschied durch Verwendung von Zuschlagsteuerzeichen zu entrichten.
6. Zuwiderhandlungen gegen die vorstehenden Bestimmungen unterliegen den Strafvorschriften des Zigarettensteuergesetzes.

(2) Die Direktivbehörde kann die Aufnahme weiterer Vorschriften anordnen.

§ 52.

3. Einzelverkauf durch Hersteller und Großhändler.

(1) Den Herstellern von Zigaretten oder Zigarettentabak und denjenigen Personen, die damit Großhandel betreiben, ist nach § 5 Abs 1 des Gesetzes der Einzelverkauf nicht gestattet.

(2) Herstellern und Großhändlern, die einen von dem Herstellungs- und Großhandelsbetriebe räumlich derart getrennten Kleinhandel mit Zigaretten oder Zigarettentabak unterhalten, daß eine heimliche Einbringung unversteuerter Erzeugnisse in die Verkaufsstätte nicht zu befürchten ist, kann der Einzelverkauf (§ 50) von der Direktivbehörde widerruflich unter Anordnung der im Einzelfall erforderlichen besonderen Überwachungsmaßregeln gestattet werden.

§ 53.

4. Verwendung leerer Umschließungen zur Ausstattung von Schaufenstern usw.

Leere Umschließungen dürfen von Händlern mit zigarettensteuerpflichtigen Waren zur Ausstattung der Schaufenster oder Gestelle ihrer Verkaufsstätten verwendet werden, bereits benutzte Umschließungen (§ 50 Abs. 4) jedoch nur dann, wenn sie zur Aufbewahrung von Zigaretten — beispielsweise durch Anbringen von Öffnungen im Boden — unbrauchbar gemacht sind. Zur Ausstattung können ferner Schaustücke verwendet werden, die durch Aufeinanderkleben einer Anzahl leerer Schachteln hergestellt sind, wenn von den Aufsichtsbeamten schon beim Hineinsehen ohne weiteres festgestellt werden kann, daß die Schaustücke leer sind.

Zu § 31 des Gesetzes.

§ 54.

Verwaltungskostenvergütung.

Für die Erhebung und Verwaltung der Zigarettensteuer werden jedem Bundesstaate vier vom Hundert der in seinem Gebiete zur Verrechnung gekommenen Roh-Solleinnahme vergütet.

§ 55.

Abzuliefernder Ertrag der Steuer.

Der in die Reichskasse fließende Ertrag der Zigarettensteuer besteht aus der gesamten aufgekommenen Einnahme nach Abzug:

1. der auf dem Gesetz oder auf allgemeinen Verwaltungsbestimmungen beruhenden Steuererstattungen;
2. der nach der Vorschrift des § 54 zu berechnenden Erhebungs- und Verwaltungskosten.

Zu § 33 des Gesetzes.

§ 56.

Abgabenvergütung bei der Ausfuhr oder Niederlegung.

Die Vergütung der auf Grund des Tabaksteuergesetzes vom 15. Juli 1909 gezahlten Abgaben erfolgt nach der Vergütungsordnung für Tabak.

§ 57.

Statistik.

1. Vierteljährliche Nachweisungen.

(1) Die Hebestellen haben dem Hauptamt bis zum zweiten, die Hauptämter der Direktivbehörde bis zum fünften und die Direktivbehörden dem Kaiserlichen Statistischen Amte bis zum zehnten Tage der Monate Januar, April, Juli und Oktober je eine Nachweisung über die in ihrem Bezirke während des abgelaufenen Vierteljahrs verkauften Zigarettensteuerzeichen einzusenden. Die Nachweisungen der Hebestellen und Hauptämter sind nach Muster 12, die der Direktivbehörden nach Muster 13 aufzustellen.

Muster 12.

Muster 13.

(2) Das Kaiserliche Statistische Amt hat vierteljährliche Zusammenstellungen über den Steuerwert der verkauften Zigarettensteuerzeichen, getrennt nach Steuerklassen, zu veröffentlichen.

§ 58.

2. Jährliche Nachweisungen.

(1) Die Hauptämter haben für jedes Rechnungsjahr Nachweisungen über den Verkauf von Steuerzeichen nach Muster 12 sowie über die Herstellung und Einfuhr von Zigaretten, Zigarettentabak und Zigarettenhüllen nach Muster 14 doppelt aufzustellen. Die Direktivbehörde hat aus den Aufstellungen der Hauptämter Hauptnachweisungen für den Direktivbezirk nach Muster 13 und 14 zusammenzustellen und diese nebst je einer Ausfertigung der von den Hauptämtern vorgelegten Nachweisungen mit einem erläuternden Begleitschreiben bis zum 1. Juni an das Kaiserliche Statistische Amt einzusenden.

Muster 14.

(2) Das Begleitschreiben soll, abgesehen von den etwa erforderlichen Klarstellungen einzelner Angaben der Nachweisungen, die Verhältnisse des Zigarettengewerbes einschließlich der Herstellung von Zigarettentabak und Zigarettenhüllen behandeln und sich insbesondere auf folgende Punkte erstrecken:

1. Umfang der Herstellung und Versteuerung von zigarettensteuerpflichtigen Tabakerzeugnissen, die von der allgemein üblichen Art und Form der Zigarette abweichen.

2. Umfang der Herstellung und des Vertriebs von feingeschnittenem Tabak im Kleinverkaufspreise von 3,50 *M* und weniger das Kilogramm.
3. Umfang der Herstellung und des Vertriebs von feingeschnittenem Tabak im Kleinverkaufspreise von über 3,50 *M* das Kilogramm, der auf Grund des § 2 Abs. 3 des Gesetzes von der Zigarettensteuer befreit ist.
4. Umfang des Einzelverkaufs der Zigaretten und des Zigarettentabaks.
5. Umfang der Selbstherstellung der Zigaretten durch die Raucher und Wahrnehmungen über etwaige Zunahme dieses Umfanges.
6. Verhältnisse der Heimarbeit.

§ 59.

Das Kaiserliche Statistische Amt hat aus den Nachweisungen und den erläuternden Begleitschreiben Zusammenstellungen zu fertigen und zu veröffentlichen.

§ 60.

Schlußbestimmung.

Der Reichskanzler ist ermächtigt, die Muster zu diesen Bestimmungen zu ändern und neue Muster einzuführen, ferner wegen Form, Anbringung und Entwertung der Steuerzeichen anderweite Anordnungen zu treffen.

Muster 1a.
(Ausf.-Best. § 12.)

uptamt ....

.... amt ....

Bestellzettel A.

Steuerzeichen für Zigaretten.

ei den Steuerzeichen, die als Zuschlagzeichen verwendet werden sollen, ist der Vermerk »Z« (Zuschlag) zu machen).	Preis des einzelnen Steuerzeichens Pf.	Preis des Bogens zu 20 Zeichen M	Pf.	Gesamtpreis für die bestellte Bogenzahl M	Pf.
teuerzeichen für Zigaretten im Kleinverkaufspreise:					
a) bis zu 1 1/2 Pfennig das Stück:					
.... Bogen zu 20 Zeichen für Packungen zu 5 Stück Zigaretten	1	—	20		
.... » » 20 » » » » 8 » »	1 3/5	—	32		
.... » » 20 » » » » 10 » »	2	—	40		
.... » » 20 » » » » 15 » »	3	—	60		
.... » » 20 » » » » 20 » »	4	—	80		
.... » » 20 » » » » 25 » »	5	1	—		
.... » » 20 » » » » 50 » »	10	2	—		
.... » » 20 » » » » 100 » »	20	4	—		
.... » » 20 » » » » 500 » »	100	20	—		
.... » » 20 » » » » 1000 » »	200	40	—		
b) von über 1 1/2 bis 2 1/2 Pfennig das Stück:					
.... Bogen zu 20 Zeichen für Packungen zu 4 Stück Zigaretten	1 1/5	—	24		
.... » » 20 » » » » 5 » »	1 1/2	—	30		
.... » » 20 » » » » 10 » »	3	—	60		
.... » » 20 » » » » 20 » »	6	1	20		
.... » » 20 » » » » 25 » »	7 1/2	1	50		
.... » » 20 » » » » 50 » »	15	3	—		
.... » » 20 » » » » 100 » »	30	6	—		
.... » » 20 » » » » 500 » »	150	30	—		

	Preis des einzelnen Steuerzeichens Pf.	Preis des Bogens zu 20 Zeichen ℳ	Pf	Gesamtpre für die bestellte Bogenza ℳ	
Übertrag					
c) von über $2\frac{1}{2}$ bis $3\frac{1}{2}$ Pfennig das Stück:					
.... Bogen zu 20 Zeichen für Packungen zu 3 Stück Zigaretten	$1\frac{7}{20}$	—	27		
.... » » 20 » » » » 5 » »	$2\frac{1}{4}$	—	45		
.... » » 20 » » » » 10 » »	$4\frac{1}{2}$		90		
.... » » 20 » » » » 20 » »	9	1	80		
.... » » 20 » » » » 25 » »	$11\frac{1}{4}$	2	25		
.... » » 20 » » » » 50 » »	$22\frac{1}{2}$	4	50		
.... » » 20 » » » » 100 » »	45	9	—		
.... » » 20 » » » » 500 » »	225	45	—		
d) von über $3\frac{1}{2}$ bis 5 Pfennig das Stück:					
.... Bogen zu 20 Zeichen für Packungen zu 5 Stück Zigaretten	$3\frac{1}{4}$	—	65		
.... » » 20 » » » » 10 » »	$6\frac{1}{2}$	1	30		
.... » » 20 » » » » 20 » »	13	2	60		
.... » » 20 » » » » 25 » »	$16\frac{1}{4}$	3	25		
.... » » 20 » » » » 50 » »	$32\frac{1}{2}$	6	50		
.... » » 20 » » » » 100 » »	65	13	—		
.... » » 20 » » » » 500 » »	325	65	—		
e) von über 5 bis 7 Pfennig das Stück:					
.... Bogen zu 20 Zeichen für Packungen zu 5 Stück Zigaretten	$4\frac{3}{4}$	—	95		
.... » » 20 » » » » 10 » »	$9\frac{1}{2}$	1	90		
.... » » 20 » » » » 20 » »	19	3	80		
.... » » 20 » » » » 25 » »	$23\frac{3}{4}$	4	75		
.... » » 20 » » » » 50 » »	$47\frac{1}{2}$	9	50		
.... » » 20 » » » » 100 » »	95	19	—		
f) von über 7 Pfennig das Stück:					
.... Bogen zu 20 Zeichen für Packungen zu 5 Stück Zigaretten	$7\frac{1}{2}$	1	50		
.... » » 20 » » » » 10 » »	15	3	—		
.... » » 20 » » » » 20 » »	30	6	—		
.... » » 20 » » » » 25 » »	$37\frac{1}{2}$	7	50		
.... » » 20 » » » » 50 » »	75	15	—		
.... » » 20 » » » » 100 » »	150	30	—		
Gesamt-Geldbetrag					

................................, den ....ten.................... 19......

(Firma.) ....

(Unterschrift des Bestellers.) ....

Zigarettensteuer-Einnahmebuch Nr. ....

Steuerzeichenbuch Nr. ....

...uptamt ....

.... amt ....

Muster 1 b.

(Ausf.-Best. § 12.)

Bestellzettel B.

Steuerzeichen für Zigarettentabak und Zigarettenhüllen.

...ei den Steuerzeichen, die als Zuschlagzeichen verwendet werden sollen, ist der Vermerk »Z« (Zuschlag) zu machen).	Preis des einzelnen Steuerzeichens	Preis des Bogens zu 20 Zeichen		Gesamtpreis für die bestellte Bogenzahl	
	Pf.	ℳ	Pf.	ℳ	Pf.
Steuerzeichen für Zigarettentabak im Kleinverkaufspreise:					
a) über 3,50 bis 5 Mark das Kilogramm:					
.... Bogen zu 20 Zeichen für Packungen zu 20 Gramm	$1\frac{3}{5}$	—	32		
» » 20 » » » » 25 »	2	—	40		
» » 20 » » » » 50 »	4	—	80		
» » 20 » » » » 75 »	6	1	20		
» » 20 » » » » 100 »	8	1	60		
» » 20 » » » » 125 »	10	2	—		
» » 20 » » » » 200 »	16	3	20		
» » 20 » » » » 250 »	20	4	—		
» » 20 » » » » 500 »	40	8	—		
b) über 5 bis 10 Mark das Kilogramm:					
.... Bogen zu 20 Zeichen für Packungen zu 20 Gramm	$3\frac{1}{5}$	—	64		
» » 20 » » » » 25 »	4	—	80		
» » 20 » » » » 50 »	8	1	60		
» » 20 » » » » 75 »	12	2	40		
» » 20 » » » » 100 »	16	3	20		
» » 20 » » » » 125 »	20	4	—		
» » 20 » » » » 200 »	32	6	40		
» » 20 » » » » 250 »	40	8	—		
» » 20 » » » » 500 »	80	16	—		
c) über 10 bis 20 Mark das Kilogramm:					
.... Bogen zu 20 Zeichen für Packungen zu 20 Gramm	6	1	20		
» » 20 » » » » 25 »	$7\frac{1}{2}$	1	50		
» » 20 » » » » 50 »	15	3	—		
» » 20 » » » » 75 »	$22\frac{1}{2}$	4	50		
» » 20 » » » » 100 »	30	6	—		
» » 20 » » » » 125 »	$37\frac{1}{2}$	7	50		
» » 20 » » » » 200 »	60	12	—		
» » 20 » » » » 250 »	75	15	—		
» » 20 » » » » 500 »	150	30	—		

	Preis des einzelnen Steuerzeichens Pf.	Preis des Bogens zu 20 Zeichen ℳ	Preis des Bogens zu 20 Zeichen Pf.	Gesamtpr[…] für die bestellte[…] Bogenza[…] ℳ	
Übertrag					
d) über 20 bis 30 Mark das Kilogramm:					
.... Bogen zu 20 Zeichen für Packungen zu 20 Gramm	9³/₅	1	92		
.... » » 20 » » » » 25 »	12	2	40		
.... » » 20 » » » » 50 »	24	4	80		
.... » » 20 » » » » 75 »	36	7	20		
.... » » 20 » » » » 100 »	48	9	60		
.... » » 20 » » » » 125 »	60	12	—		
.... » » 20 » » » » 200 »	96	19	20		
.... » » 20 » » » » 250 »	120	24	—		
.... » » 20 » » » » 500 »	240	48	—		
e) über 30 Mark das Kilogramm:					
.... Bogen zu 20 Zeichen für Packungen zu 20 Gramm	14	2	80		
.... » » 20 » » » » 25 »	17¹/₂	3	50		
.... » » 20 » » » » 50 »	35	7	—		
.... » » 20 » » » » 75 »	52¹/₂	10	50		
.... » » 20 » » » » 100 »	70	14	—		
.... » » 20 » » » » 125 »	87¹/₂	17	50		
.... » » 20 » » » » 200 »	140	28	—		
.... » » 20 » » » » 250 »	175	35	—		
.... » » 20 » » » » 500 »	350	70	—		
Steuerzeichen für Zigarettenhüllen*):					
.... Bogen zu 20 Zeichen für Packungen zu 40 Stück	4	—	80		
.... » » 20 » » » » 50 »	5	1	—		
.... » » 20 » » » » 60 »	6	1	20		
.... » » 20 » » » » 90 »	9	1	80		
.... » » 20 » » » » 100 »	10	2	—		
.... » » 20 » » » » 200 »	20	4	—		
Gesamt-Geldbetrag					

*) Falls Zeichen zu 30 cm Länge gewünscht werden, ist dies besonders anzugeben.

.............................., den ......ten.............................. 19......

(Firma.) ....

(Unterschrift des Bestellers.) ....

Zigarettensteuer-Einnahmebuch Nr. ....

Steuerzeichenbuch Nr. ....

Muster 2.
(Ausf.-Best. § 12.)

Bestellbuch

des Zigarettenherstellers ....

zu .... über angekaufte Steuerzeichen

für Zigaretten

im Rechnungsjahr 19..........**.**

Anleitung zum Gebrauche.

1. Bei jeder Entnahme von Steuerzeichen ist der Vertriebsstelle außer dem Bestellzettel das Bestellbuch vorzulegen (§ 12 der Zigarettensteuer-Ausführungsbestimmungen). In diesem sind die gewünschten Zeichen vom Käufer nach Zahl und Art in Übereinstimmung mit den Angaben des Bestellzettels einzutragen.
2. Hersteller dürfen ihren Bedarf an Steuerzeichen nur von der Vertriebsstelle beziehen, in deren Bezirke der Herstellungsbetrieb liegt. Steuerzeichen der Klassen 1a und b für Packungen zu weniger als 100 Zigaretten werden nur in ganzen Bogen, Steuerzeichen der anderen Sorten auch in halben Bogen, Zuschlagsteuerzeichen auch einzeln abgegeben.
3. Steuerzeichen, für die gemäß §§ 21 ff. der Ausführungsbestimmungen durch Lieferung anderer Steuerzeichen Ersatz geleistet wurde, sind, soweit es sich nicht um Zigaretten handelt, die bereits in Abteilung 2 des Betriebsbuchs A nachgewiesen waren, im Bestellbuch durch Eintragung in die betreffenden Spalten abzusetzen; die als Ersatz gelieferten Steuerzeichen sind wie gekaufte einzutragen.
4. Das Bestellbuch ist den Aufsichtsbeamten auf Wunsch vorzulegen.
5. Am Schlusse des Monats März ist das Bestellbuch durch Aufrechnung sämtlicher Spalten abzuschließen und durch Absetzung des vorhandenen Bestandes an Steuerzeichen der Verbrauch im Rechnungsjahre zu berechnen. Nach Übertragung des Bestandes in das Bestellbuch für das folgende Rechnungsjahr ist das abgeschlossene Buch der Hebestelle bis zum 15. April einzureichen.

Nachweis des Ankaufs von Steuerzeichen in ganzen

Lfd. Nr.	Tag des Ankaufs	bis zu $1\frac{1}{2}$ Pfennig das Stück										über $1\frac{1}{2}$ bis $2\frac{1}{2}$ Pfennig das Stück								über $2\frac{1}{2}$ bi $3\frac{1}{2}$ Pfennig das					
		Steuerklasse 1a										Steuerklasse 1b								Steuerklasse					
																				für Packung					
		5	8	10	15	20	25	50	100	500	1000	4	5	10	20	25	50	100	500	3	5	10	20	25	50
	Übertragener Bestand																								

…zigstel Bogen für Zigaretten im Kleinverkaufspreise

…er 3½ bis …nnig das Stück — …uerklasse 1d					über 5 bis 7 Pfennig das Stück — Steuerklasse 1e						über 7 Pfennig das Stück — Steuerklasse 1f						Gesamtgeldbetrag: bar eingezahlt	Gesamtgeldbetrag: gestundet	Bemerkungen. Bestätigung der Hebestelle über die Lieferung der Steuerzeichen durch Namensbeischrift des Hebebeamten.
0	25	50	100	500	5	10	20	25	50	100	5	10	20	25	50	100	ℳ	ℳ	
																			Übertragung richtig. ……………… Oberkontrolleur.

Muster 3.
(Ausf.-Best. § 12.)

Bestellbuch

des { Zigarettentabak- / Zigarettenhüllen- } Herstellers ....

zu .... über angekaufte Steuerzeichen für

Zigarettentabak und Zigarettenhüllen

im Rechnungsjahr 19 ....

Anleitung zum Gebrauche.

1. Bei jeder Entnahme von Steuerzeichen ist der Vertriebsstelle außer dem Bestellzettel das Bestellbuch vorzulegen (§ 12 der Zigarettensteuer-Ausführungsbestimmungen). In diesem sind die gewünschten Zeichen vom Käufer nach Zahl und Art in Übereinstimmung mit den Angaben des Bestellzettels einzutragen.
2. Hersteller dürfen ihren Bedarf an Steuerzeichen nur von der Vertriebsstelle beziehen, in deren Bezirke der Herstellungsbetrieb liegt. Steuerzeichen der Klassen 2a und 3 werden nur in ganzen Bogen, Steuerzeichen der Klassen 2b bis e auch in halben Bogen, Zuschlagsteuerzeichen auch einzeln abgegeben.
3. Steuerzeichen, für die gemäß §§ 21 ff. der Ausführungsbestimmungen durch Lieferung anderer Steuerzeichen Ersatz geleistet wurde, sind, soweit es sich nicht um Erzeugnisse handelt, die bereits in Abteilung 2 des Betriebsbuchs B oder C nachgewiesen waren, im Bestellbuch durch Eintragung in die betreffenden Spalten abzusetzen; die als Ersatz gelieferten Steuerzeichen sind wie gekaufte einzutragen.
4. Das Bestellbuch ist den Aufsichtsbeamten auf Wunsch vorzulegen.
5. Am Schlusse des Monats März ist das Bestellbuch durch Aufrechnung sämtlicher Spalten abzuschließen und durch Absetzung des vorhandenen Bestandes an Steuerzeichen der Verbrauch im Rechnungsjahre zu berechnen. Nach Übertragung des Bestandes in das Bestellbuch für das folgende Rechnungsjahr ist das abgeschlossene Buch der Hebestelle bis zum 15. April einzureichen.

Nachweis des Ankaufs von Steuerze

Lfd. Nr.	Tag des Ankaufs	für Zigaretten																										
		Steuerklasse 2a									Steuerklasse 2b									Steuerklasse								
		im Kleinverkaufs																										
		über 3,50 ℳ bis 5 ℳ das Kilogramm									über 5 ℳ bis 10 ℳ das Kilogramm									über 10 ℳ bis 2[0] das Kilogram[m]								
		für Packungen zu G																										
		20	25	50	75	100	125	200	250	500	20	25	50	75	100	125	200	250	500	20	25	50	75	100	125	200	2	
Übertragener Bestand																												

anzen oder zwanzigstel Bogen

euerklasse 2d 20 M bis 30 M as Kilogramm						Steuerklasse 2e über 30 M das Kilogramm									für Zigarettenhüllen in Packungen zu Stück						Gesamtgeldbetrag		Bemerkungen. Bestätigung der Hebestelle über die Lieferung der Steuerzeichen durch Namensbeischrift des Hebebeamten.
75	100	125	200	250	500	20	25	50	75	100	125	200	250	500	40	50	60	90	100	200	bar eingezahlt M	gestundet M	
																							Übertragung richtig. .... Oberkontrolleur.

Muster 4.
(Ausf.-Best. § 17.)

…upt ……… amtsbezirk ……… ……… amt ………

Zigarettensteuer-Einnahmebuch.

……… **Viertel des Rechnungsjahrs 19** ……… .

Enthält ……… Blätter, *die mit einer angesiegelten Schnur durchzogen sind.*

……… den ……ten ……… 19…

………

(Siegel.)

………

Geführt von

………

………

Laufende Nr.	Tag der Zahlung	Des Zahlungspflichtigen		Betrag der Einnahme	Davon sind		Die gestundeten Beträge sind angeschrieben im		Bemerkungen, insbesond. Angaben über Belege.
		Name	Wohnort		bar eingezahlt	gestundet			
				Mark	Mark	Mark	Seite	Nr.	
1	2	3	4	5	6	7	8		9

irektivbezirk ....

Muster 5.
(Ausf.-Best. § 27.)

Zigarettenbegleitschein

Nr. ....

usfertigungsamt: .... **Empfangsamt:** ....

estellungsfrist: Bis zum (in Worten) ....

nahmeerklärung des Begleitscheinnehmers: .... übernehme...... diesen Begleitschein mit der Verpflichtung, die innen verzeichneten Waren in unveränderter Gestalt und Menge und unter Erhaltung des angelegten amtlichen Verschlusses innerhalb der Gestellungsfrist dem Empfangsamt unter Vorlegung dieses Begleitscheins zur Ausgangsabfertigung zu stellen und hafte...... für den auf die Waren entfallenden Steuerbetrag, bis der Ausgang über die Grenze oder die Aufnahme in eine Zollniederlage dem Ausfertigungsamte nachgewiesen ist.

...., den ......ten .... 19.......

(Unterschrift des Begleitscheinnehmers.)

...., den ......ten .... 19.......

....amt.

(Stempelabdruck.)

Erledigungsschein

Nr. .... Ziffer ....

(Unterschrift.)

etriebsbuch, Buchstabe ...., Nr. ....

Erledigung des Begleitscheins.

1. Der Begleitschein ist abgegeben am ....

(Unterschrift.)

2. Der Begleitschein ist eingetragen in das .... unter Nr. ....

(Unterschrift.)

3. Die Erledigung des Begleitscheins bescheinigt

...., den ......ten .... 19.......

....amt.

(Stempelabdruck.)

I. Anmeldung.

Laufende Nummer	Der Packstücke: Zeichen und Nummer	Der Packstücke: Zahl und Art	Der inneren Umschließungen: Zahl	Der inneren Umschließungen: Art	Der inneren Umschließungen: Inhalt im einzelnen: Menge in Stück (bei Zigarettentabak in Kilogramm und Gramm)	Der inneren Umschließungen: Inhalt im einzelnen: Bezeichnung (Zigaretten, Zigarettentabak oder Zigarettenhüllen)	Der inneren Umschließungen: Inhalt der in Sp. 4 aufgeführten inneren Umschließungen im ganzen (Menge)	Der inneren Umschließungen: Sorte*)	Anträg
1	2	3	4	5	6	7	8	9	10

*) Es genügt, wenn in Spalte 9 der Kleinverkaufspreis angegeben wird, den 1 000 Stück der Zigarettensorte oder 1 Ki[logramm der Tabaksorte bei einem Absatz im Inland haben würden.

II. Befund und Abfertigung.

Der Packstücke			Der inneren Umschließungen					Vermerke über Zahl, Art und Lage der angelegten Verschlüsse, amtliche Begleitung usw.
					Inhalt im einzelnen			
…ichen und …mmer	Zahl und Art	Roh-gewicht kg	Zahl	Art	Menge	Bezeichnung	Inhalt im ganzen (Menge)	
11	12	13	14	15	16	17	18	19

Nachweis des Ausganges über die Grenze*).

A. D.......... innen bezeichnete.................. wurde...... nach Abnahme des unverletzt befundenen Verschlusses:

1. in den Eisenbahn-Güterwagen Nr. .... der .... Eisenbahn verladen und nach Verschließung des Wagens mit ......Kunstschlössern der Reihe .... der Eisenbahnverwaltung zur Vorführung binnen .... Tagen bei dem ....amt in .... übergeben.

..............................., den .....ten..................................... 19......

(Stempelabdruck.) .... **amt.**

2. auf .... des .... verladen und dem Ansageposten in ....

unter { Begleitung durch d .... aufseher .... / amtlichem Verschlusse mittels .... }

überwiesen.

..............................., den.....ten..................................... 19......

(Stempelabdruck.) .... **amt.**

3. unter unseren Augen in das Ausland ausgeführt.

..............................., den .....ten..................................... 19......

(Unterschriften.)

B. D.......... oben bezeichnete..................... wurde...... nach Abnahme des unverletzt befundenen Verschlusses:

1. d ....aufseher .... zur Begleitung über die Grenze übergeben.

..............................., den.....ten..................................... 19......

(Stempelabdruck.) .... **amt.**

2. unter unseren Augen in das Ausland ausgeführt.

..............................., den.....ten..................................... 19......

(Unterschriften.)

---

*) Der Vordruck kann den Bedürfnissen entsprechend geändert werden.

Muster 6.

(Ausf.-Best. § 30.)

Versendungsanmeldung

er Waren, die der Zigarettensteuerkontrolle unterliegen und an inländische Herstellungsbetriebe abgegeben werden.

---

triebsbuch .... Nr. ....

1. Anmeldung.

(Vom Versender auszufüllen. Nichtzutreffendes ist zu durchstreichen.)

Am .... ten .... 19...., ... mittags .... Uhr sollen s meinem/unserm Betriebe .... kg/Stück .... (Gattung der zu versendenden Waren*)) unverpackt und unversteuert den .... (Art des Betriebs) -Hersteller .... (Firma) in ....

r { weiteren Verarbeitung durch .... / Herstellung von .... / vorschriftsmäßigen Verpackung } versandt (abgegeben) werden.

Ich/Wir verpflichte..... mich/uns, für die auf den Waren ruhende Abgabe zu haften, bis in den Betrieb des Empfängers aufgenommen und in seinem Betriebsbuch angeschrieben worden sind.

............................, den .... ten .... 19.....

(Firma und Unterschrift.)

---

2. Amtliche Vermerke.

Die Versendung (Abgabe) hat stattgefunden ....

....

Hiermit urschriftlich an das .... amt in .... r weiteren Veranlassung mit dem Ersuchen um Empfangsbestätigung.

............................, den .... ten .... 19.....

.... amt.

(Unterschrift.)

Die Anmeldung ist eingegangen am ....

....

Die Erzeugnisse sind in den Betrieb des Empfängers aufgenommen und in inem Betriebsbuch .... unter Nr. .... angeschrieben worden.

....

....

Die Empfangsbestätigung ist heute abgesandt.

............................, den .... ten .... 19.....

.... amt.

(Unterschrift.)

---

*) Bei Versendung von Tabak auch Angabe, ob er zuschlagfrei oder steuerbegünstigt ist.

.................amt: ....

Muster 7.
(Ausf.-Best. § 42.)

Betriebsbuch A

für Zigaretten

..s Zigarettenherstellers .... zu ....

für das Rechnungsjahr 19........

Enthält ...... Blätter, *die mit einer ange-*
..gelten Schnur durchzogen sind.

................., den ten .... 19.... Geführt von ....

....

Siegel.)

....

Anleitung zum Gebrauche.

1. Das Buch ist in drei Abteilungen zu führen:
   Abteilung 1. Zugang an Zigaretten,
   Abteilung 2. Abgang an versteuerten Zigaretten,
   Abteilung 3. Abgang an unversteuerten Zigaretten.
2. Jede Eintragung in den einzelnen Abteilungen hat unter einer besonderen fortlaufenden Nummer (Spalte 1) und unter Angabe des Tages, an dem die Eintragung gemacht ist, (Spalte 2) zu erfolgen.
3. In den Abteilungen 1 und 2 können die Zigaretten, die innerhalb bestimmter Zeitabschnitte von längstens einer Woche in Zugang oder in Abgang gekommen sind, am Schlusse dieser Zeitabschnitte mittels einer Eintragung gebucht werden. Für jede Art des Zu- oder Abganges hat die Buchung durch eine besondere Eintragung zu erfolgen unter näherer Angabe in Spalte 4, z. B. für Abteilung 2: »verkauft« oder »an das Hauptlager in Leipzig versandt«. Mit Genehmigung des Hauptamts brauchen die hergestellten Zigaretten erst dann in Abteilung 1 angeschrieben zu werden, wenn ihre Verpackung für den Kleinverkauf vollendet ist. Aus dem Ausland oder aus andern Betrieben bezogene Zigaretten sind alsbald nach ihrem Eingang mit besonderer Eintragung in Abteilung 1 in Zugang zu stellen. Zigaretten, die gemäß §§ 27 bis 30 unversteuert entfernt werden sollen, sind spätestens bei der Entfernung in Abteilung 1 nachzuweisen.
4. In Abteilung 3 (Abgang an unversteuerten Zigaretten) ist jeder Abgang sofort und einzeln einzutragen unter Angabe der Art des Abganges und der Nummer des Buches, in dem der weitere Nachweis über den Verbleib der unversteuert entfernten Zigaretten geführt wird, in den Spalten 3 und 4, z. B. »ausgeführt, Begleitschein-Ausfertigungsbuch (Begl.-Ausf.-B.) Nr. 4« oder »aufgerissen und zur Umarbeitung in den Betrieb zurück, Betriebsbuch D Nr. 8«.
5. Am Schlusse des Monats März ist das Betriebsbuch durch Aufrechnung in allen drei Abteilungen abzuschließen und durch Absetzung der Schlußsummen der Abteilungen 2 und 3 von der Schlußsumme der Abteilung 1 der Bestand zu bilden. Dieser Bestand ist in Abteilung 1 des Betriebsbuchs für das nächste Rechnungsjahr vorzutragen. Das abgeschlossene Buch ist innerhalb 14 Tagen der Steuerstelle einzureichen.
6. Bei Bestandsaufnahmen innerhalb des Rechnungsjahrs ist das Betriebsbuch zwar in den drei Abteilungen aufzurechnen, der Bestand aber nicht im Betriebsbuch selbst, sondern in der aufzunehmenden Verhandlung in der unter Ziffer 5 bezeichneten Weise zu berechnen.

Abteilung 1. Zugang an Zigaretten.

Laufende Nummer	Tag der Eintragung	Zeitraum des Zuganges		Art des Zuganges nebst Benennung und Nummer eines etwaigen Vorbuchs	Gesamtzugang an Zigaretten	Davon (Spalte 5)			Bemerkung Nr. des Heimarbeitbuchs zu Spalte
		von	bis			in der Fabrik hergestellt	von Heimarbeitern abgeliefert	anderweit in Zugang gekommen	
					Stück	Stück	Stück	Stück	
1	2	3		4	5	6	7	8	9

Abteilung 2. Abgang an versteuerten Zigaretten.

Laufende Nummer	Tag der Eintragung	Zeitraum des Abganges		Art des Abganges	Gesamtabgang an versteuerten Zigaretten	Davon (Spalte 5) zum Kleinverkaufspreise						Bemerkung
		von	bis			bis zu 1½ Pf.	über 1½ bis 2½ Pf.	über 2½ bis 3½ Pf.	über 3½ bis 5 Pf.	über 5 bis 7 Pf.	über 7 Pf.	
						das Stück						
					Stück	Stück	Stück	Stück	Stück	Stück	Stück	
1	2	3		4	5	6	7	8	9	10	11	12

Abteilung 3. Abgang an unversteuerten Zigaretten.

Laufende Nummer	Tag des Abganges (der Eintragung)	Art des Abganges	Weiterer Nachweis der unversteuert entfernten Zigaretten im		Gesamtabgang an unversteuerten Zigaretten	Davon (Spalte 5)		Bemerkungen.
			Buche	Nr.		in das Ausland ausgeführt	anderweit unversteuert abgegeben	
					Stück	Stück	Stück	
1	2	3	4		5	6	7	8

.......amt: ....

Muster 8.
(Ausf.-Best. § 42.)

Betriebsbuch B

für Zigarettentabak

s Zigarettentabakherstellers .... zu ....

für das Rechnungsjahr 19............

Enthält .... Blätter, *die mit einer ange-*
gelten Schnur durchzogen sind.

..................., den .... ten .... 19........ Geführt von ....

....

Siegel.)

....

Anleitung zum Gebrauche.

. Das Buch ist in drei Abteilungen zu führen:
   Abteilung 1. Zugang an Zigarettentabak,
   Abteilung 2. Abgang an versteuertem Zigarettentabak,
   Abteilung 3. Abgang an unversteuertem Zigarettentabak.

2. Jede Eintragung in den einzelnen Abteilungen hat unter einer besonderen fortlaufenden Nummer (Spalte 1) und unter Angabe des Tages, an dem die Eintragung bewirkt ist, (Spalte 2) zu erfolgen.

3. In den Abteilungen 1 und 2 können die Zigarettentabake, die innerhalb bestimmter Zeitabschnitte von längstens einer Woche in Zugang oder Abgang gekommen sind, am Schlusse dieser Zeitabschnitte mittels einer Eintragung gebucht werden. Für jede Art des Zu- oder Abganges hat die Buchung durch eine besondere Eintragung zu erfolgen unter näherer Angabe in Spalte 4, z. B. für Abteilung 1: »im Betriebe hergestellt«, für Abteilung 2: »verkauft« oder »an das Hauptlager in Leipzig versandt«. Aus dem Ausland oder aus andern Betrieben bezogene Zigarettentabake sind alsbald nach ihrem Eingang mit besonderer Eintragung in Abteilung 1 in Zugang zu stellen. Zigarettentabake, die gemäß §§ 27 bis 30 unversteuert entfernt werden sollen, sind spätestens bei der Entfernung in Abteilung 1 nachzuweisen.

4. In Abteilung 3 (Abgang an unversteuertem Zigarettentabak) ist jeder Abgang sofort und einzeln einzutragen unter Angabe der Art des Abganges und der Nummer des Buches, in dem der weitere Nachweis über den Verbleib des unversteuert entfernten Zigarettentabaks geführt wird, in den Spalten 3 und 4 z. B.: »ausgeführt, Begleitschein-Ausfertigungsbuch (Begl.-Ausf.-B.) Nr. 4« oder »nach Aufreißen der Umschließungen in den Zigarettenbetrieb übernommen, Betriebsbuch D Nr. 9«.

5. Feingeschnittener Tabak, der im eigenen Betrieb oder durch Heimarbeiter zur Herstellung von Zigaretten verwendet werden soll, ist nicht im Betriebsbuche B (für Zigarettentabak), sondern im Betriebsbuche D (für Rohtabak) nachzuweisen.

6. Am Schlusse des Monats März ist das Betriebsbuch durch Aufrechnung in allen drei Abteilungen abzuschließen und durch Absetzung der Schlußsummen der Abteilungen 2 und 3 von der Schlußsumme der Abteilung 1 der Bestand zu berechnen. Dieser Bestand ist in Abteilung 1 des Betriebsbuchs für das nächste Rechnungsjahr vorzutragen. Das abgeschlossene Buch ist innerhalb 14 Tagen der Steuerstelle einzureichen.

7. Bei Bestandsaufnahmen innerhalb des Rechnungsjahrs ist das Betriebsbuch zwar in den drei Abteilungen aufzurechnen, der Bestand aber nicht im Betriebsbuch selbst, sondern in der aufzunehmenden Verhandlung in der unter Ziffer 6 bezeichneten Weise zu berechnen.

Abteilung 1. Zugang an Zigarettentabak.

Laufende Nummer	Tag der Eintragung	Zeitraum des Zuganges		Art des Zuganges	Gesamtzugang an Zigarettentabak		Davon (Spalte 5)				Bemerkungen
							in der Fabrik hergestellt		anderweit in Zugang gekommen		
		von	bis		kg	g	kg	g	kg	g	
1	2	3		4	5		6		7		8

Abteilung 2. Abgang an versteuertem Zigarettentabak.

Laufende Nummer	Tag der Eintragung	Zeitraum des Abganges		Art des Abganges	Gesamtabgang an versteuertem Zigarettentabak		Davon (Spalte 5) zum Kleinverkaufspreise										Bemerkungen
							über 3,50 bis 5 Mark		über 5 bis 10 Mark		über 10 bis 20 Mark		über 20 bis 30 Mark		über 30 Mark		
							das Kilogramm										
		von	bis		kg	g	kg	g	kg	g	kg	g	kg	g	kg	g	
1	2	3		4	5		6		7		8		9		10		11

Abteilung 3. Abgang an unversteuertem Zigarettentabak.

Laufende Nummer	Tag des Abganges (der Eintragung)	Art des Abganges	Weiterer Nachweis des unversteuert entfernten Zigarettentabaks		Gesamtabgang an unversteuertem Zigarettentabak		Davon (Spalte 5)				Bemerkungen
							in das Ausland ausgeführt		anderweit unversteuert abgegeben		
			im Buche	unter Nr.	kg	g	kg	g	kg	g	
1	2	3	4		5		6		7		8

Muster 9.
(Ausf.-Best. § 42.)

...amt: ....

Betriebsbuch C

für

Zigarettenhülsen und Zigarettenblättchen

...s $\frac{\text{Zigarettenhülsen}}{\text{Zigarettenblättchen}}$-Herstellers .... zu ....

für das Rechnungsjahr 19.........

Enthält .... Blätter, *die mit einer an-*
...siegelten Schnur durchzogen sind.

.........................., den ......ten.................. 19.......

....

...Siegel.)

....

Geführt von ....

....

Anleitung zum Gebrauche.

1. Das Buch ist in drei getrennten Abteilungen zu führen:
Abteilung 1 (Spalten 1 bis 6): Zugang an Zigarettenhülsen und -blättchen,
» 2 (» 7 » 12): Abgang » versteuerten Zigarettenhülsen und -blättchen,
» 3 (» 13 » 18): » » unversteuerten Zigarettenhülsen und -blättchen.

2. Die Eintragungen in den einzelnen Abteilungen erfolgen unabhängig voneinander; jede ...ntragung unter besonderer laufender Nummer (Spalte 1 oder Spalte 7 oder Spalte 13) und unter ...gabe des Tages, an dem die Eintragung gemacht worden ist (Spalte 2 oder Spalte 8 oder Spalte 14).

3. In den Abteilungen 1 und 2 können die innerhalb bestimmter Zeitabschnitte von längstens ...er Woche in Zugang oder Abgang gekommenen Zigarettenhülsen oder -blättchen am Schlusse dieser ...itabschnitte mittels einer Eintragung gebucht werden. Für jede Art des Zuganges oder Abganges ...t die Buchung durch eine besondere Eintragung zu erfolgen unter näherer Angabe in den Spalten 4

Fortsetzung auf Seite 4 des Musters.

Abteilung 1. Zugang.							Abteilung 2. Abg… Zigarettenhül…			
Laufende Nummer	Tag der Eintragung	Zeitraum des Zuganges		Art des Zuganges	Menge des Zuganges an		Laufende Nummer	Tag der Eintragung	Zeitraum des Abganges	
		von	bis		Zigarettenhülsen Stück	Zigarettenblättchen Stück			von	bis
1	2	3		4	5	6	7	8	9	

…rten …en.		Abteilung 3. Abgang an unversteuerten Zigarettenhülsen und -blättchen.							
des Abganges an versteuerten							Menge des Abganges an unversteuerten		Bemerkungen.
Zigarettenblättchen Stück	Laufende Nummer	Tag der Eintragung (des Abganges)	Art des Abganges	Weiterer Nachweis der unversteuert entfernten Zigarettenhülsen und blättchen Bezeichnung (Buch)	Nr.	Zigarettenhülsen Stück	Zigarettenblättchen Stück	
12	13	14	15	16		17	18	19

oder 10, z. B. für Abteilung 1: »in der Fabrik hergestellt« oder »von den Heimarbeitern abgelie Heimarbeitsbuch Nr. 6 bis 10«, für Abteilung 2: »verkauft« oder »an das Hauptlager in Lei versandt«. Aus dem Ausland oder aus andern Betrieben bezogene Zigarettenhülsen und Zigaret blättchen sind alsbald nach ihrem Eingang mit besonderer Eintragung in Abteilung 1 in Zugang stellen. Zigarettenhülsen und Zigarettenblättchen, die gemäß §§ 27 bis 30 unversteuert entfernt wer sollen, sind spätestens bei der Entfernung in Abteilung 1 nachzuweisen.

4. In Abteilung 3 (Spalten 13 bis 18) ist jeder Abgang an unversteuerten Zigarettenhü und -blättchen sofort und einzeln einzutragen, unter Angabe der Art des Abganges und Bezeichn des weiteren Nachweises über den Verbleib der entfernten Erzeugnisse, z. B.: »ausgeführt (Spalte Begl.-Ausf.-B. (Begleitschein-Ausfertigungsbuch) Nr. 5 (Spalte 16)«, oder: »an die Zigarettenfa Manoli in Berlin abgegeben (Spalte 15), Anmeldung vom 10/11. 12 (Spalte 16)«.

5. Am Schlusse des Monats März ist das Betriebsbuch durch Aufrechnen der Spalten 5, 11, 12, 17 und 18 abzuschließen und durch Absetzung der Schlußsummen der Spalten 11, 12, 17 18 von der Schlußsumme der Spalten 5, 6 der Bestand zu berechnen. Dieser Bestand ist in Betriebsbuch für das nächste Rechnungsjahr vorzutragen. Das abgeschlossene Buch ist innerh 14 Tagen der Steuerstelle einzureichen.

6. Bei Bestandsaufnahmen innerhalb des Rechnungsjahrs ist das Betriebsbuch zwar in Spalten 5, 6, 11, 12, 17 und 18 aufzurechnen, der Bestand aber nicht im Betriebsbuch selbst, sond in der aufzunehmenden Verhandlung in der unter Ziffer 5 bezeichneten Weise zu berechnen.

Muster 10.
(Ausf. Best. § 43.)

........amt: ....

Betriebsbuch D

über

ezug und Verarbeitung von Tabak in dem .... betriebe

des .... zu ....

für das Rechnungsjahr 19........ .

Enthält .... Blätter, *die mit einer an-*
siegelten Schnur durchzogen sind.

Geführt von ....

....

........................, den ......ten .... 19...... .

....

Siegel.)

....

Anleitung zum Gebrauche.

1. Jebe in den Betrieb aufgenommene Menge Rohtabak, geschnittener Tabak, Tabakabfall oder -satzstoffe ist sofort bei der Aufnahme unter einer besonderen Nummer (Spalte 1) in die Spalten 2 s 8 unter Beachtung der Überschriften einzutragen. Ist Rohtabak angekauft worden, der nicht sofort den Betrieb übernommen, sondern zunächst unter Zollverschluß gelagert wird, so ist dieser Tabak erst nn in das Betriebsbuch einzutragen, wenn er aus dem Zollgewahrsam in den Betrieb übernommen irb. In Spalte 3 und 4 ist in diesem Falle das Amt einzutragen, unter dessen Verschluß der Tabak letzt gelagert hat.

2. In gemischten Betrieben, d. h. in Betrieben, die neben Zigaretten und Zigarettentabak auch zeugnisse herstellen, die nicht unter das Zigarettensteuergesetz fallen, hat die Anschreibung gemäß § 43 bs. 3 der Ausführungsbestimmungen zu erfolgen.

Fortsetzung auf Seite 4 des Musters.

Zugang						
		Der Tabak und die Ersatzstoffe sind bezogen von		Menge des Zuganges a		
				Rohtabak		
Laufende Nummer	Tag der Eintragung (des Zuganges)	Firma, Name und Stand	Ort	ausländischem kg	deutschem kg	geschnittenem Tabak kg
1	2	3	4	5	6	7

Abgang

Zeitraum des Abganges		Art des Abganges und Firma, Name und Stand des Empfängers	Art des Abganges und Ort des Empfängers	Menge des Abganges an				Weiterer Nachweis der aus den Rohstoffen (Sp. 14 bis 17) hergestellten Erzeugnisse	
				Rohtabak					
von	bis			ausländischem kg	deutschem kg	geschnittenem Tabak und Abfall kg	Ersatzstoffen kg	Betriebsbuch Buchstabe	Nr.
11		12	13	14	15	16	17	18	

3. Wird Tabak oder werden Ersatzstoffe unverarbeitet aus dem Betriebe wieder entfe (verkauft, an den Lieferer zurückgesandt usw.), so ist ihre Menge sofort unter Ausfüllung der Spalten 10, 12, 13, 14, 15, 16 und 17 in Abgang zu stellen. Hierbei sind für zollzuschlagfreie oder ste begünstigte inländische Tabakblätter die Vorschriften der Tabakzollordnung zu beachten. Gemäß Sa ist auch zu verfahren, wenn Tabak oder Tabakabfall vernichtet wird; in diesem Falle ist in den Spalten und 13 zu vermerken, daß eine Vernichtung stattgefunden hat.

4. Die im Betriebe verarbeiteten Mengen können am Schlusse bestimmter Zeitabschn von längstens einer Woche, die mit den Abschnitten für An- und Abschreibung der fertigen Erzeugn (Betriebsbücher A und B) übereinstimmen müssen, zusammen mittels einer Eintragung in Abga gestellt werden. Hierbei ist der Zeitraum, in dem die Verarbeitung stattgefunden hat, in Spalte einzutragen und in Spalte 18 auf die Nummer des Betriebsbuchs A oder B, in dem die hergestell Erzeugnisse (Zigaretten oder Zigarettentabak) in Zugang gestellt sind, zu verweisen.

5. Am Schlusse des Monats März ist das Betriebsbuch durch Aufrechnung der Spalten 5, 6, 7 und 14, 15, 16, 17 abzuschließen und durch Absetzung der Schlußsumme der Spalten 14, 15, 16, 17 v der Schlußsumme der Spalten 5, 6, 7, 8 der Bestand zu berechnen. Dieser Bestand ist in dem Betriel buch für das folgende Rechnungsjahr vorzutragen. Das abgeschlossene Betriebsbuch ist innerha 14 Tagen der Steuerstelle einzureichen.

Muster 11.
(Ausf.-Best. § 43.)

......amt: ....

Betriebsbuch E

über

ezug und Verarbeitung von Zigarettenpapier in dem ....

..............................betriebe des .... zu ....

für das Rechnungsjahr 19..........

Das Buch enthält .... Blätter, *die mit* *ier angesiegelten Schnur durchzogen sind.*

.............................., den ...ten............ 19... .

....

Siegel.)

....

Geführt von ....

....

Anleitung zum Gebrauche.

1. Jeder Zugang an Zigarettenpapier ist sofort in den Spalten 1 bis 5 unter einer besonderen ummer und unter Beachtung der Überschriften der Spalten anzuschreiben.

2. Jeder Abgang von unverarbeitetem Papier ist sofort in den Spalten 6, 7 und 9 abschreiben. Dabei ist in Spalte 10 anzugeben, an wen das unverarbeitete Papier verkauft oder rückgesandt worden ist, oder in welch anderer Weise der Abgang an unverarbeitetem Papier stattfunden hat.

3. Anstatt nach Kilogramm können die Anschreibungen in den Spalten 5 und 9 nach näherer estimmung des Hauptamts bei Zigarettenpapier in Bobinen nach Bobinen, bei Zigarettenpapier in ogenform nach Bogen, getrennt nach der Größe der Bogen, erfolgen.

4. Die zu Zigarettenhülsen und -blättchen verarbeiteten Papiermengen können am Schlusse stimmter Zeitabschnitte von längstens einer Woche, die mit den Abschnitten für An- und Abschreibung r fertigen Zigarettenhülsen und -blättchen im Betriebsbuch C übereinstimmen müssen, zusammen mittels ner Eintragung in Abgang gestellt werden. Hierbei ist der Zeitraum, in dem die Verarbeitung stattfunden hat, in Spalte 8 einzutragen und in Spalte 11 anzugeben, unter welcher Nummer des Betriebsichs C die fertigen Erzeugnisse in Zugang gestellt sind.

5. Am Schlusse des Monats März ist das Betriebsbuch durch Aufrechnen der Spalten 5 und 9 ızuschließen und durch Absetzung der Schlußsumme der Spalte 9 von der Schlußsumme der Spalte 5 r Bestand zu bilden. Dieser Bestand ist im Betriebsbuch für das folgende Rechnungsjahr vorzutragen. as abgeschlossene Buch ist innerhalb 14 Tagen der Steuerstelle einzureichen.

Zugang

Laufende Nummer	Tag der Eintragung (des Zuganges)	Das Papier ist bezogen von		Menge des Zuganges Zigarettenpapier			
		Firma, Name und Stand	Ort	nach Gewicht		nach der Stückzahl der Bobinen	Zal… B…
				kg	g	Stück	Zah…
1	2	3	4	5 a		5 b	

Abgang

Tag der Eintragung	Zeitraum des Abganges		Menge des Abganges an Zigarettenpapier					Bezeichnung der Firma, an die das Papier unverarbeitet zurückgegeben oder verkauft worden ist	Die aus der verarbeiteten Papiermenge hergestellten Zigarettenhülsen und blättchen sind weiter nachgewiesen im Betriebsbuch C unter Nummer
	von	bis	nach Gewicht		nach der Stückzahl der Bobinen	nach Zahl und Größe der Bogen			
			kg	g	Stück	Zahl	Größe		
7	8		9 a		9 b	9 c		10	11

Muster 12.
(Ausf.-Best. §§ 57, 58.)

ı) Hauptamtsbezirk ....

ı) Hebebezirk ....

Einzusenden:

. vierteljährliche Nachweisungen	2. jährliche Nachweisungen
ɔ bis zum 2. / a » » 5. } der Monate Januar, April, Juli und Oktober.	zu a bis zum 15. Mai.

Nachweisung

der

im .... Viertel des Rechnungsjahrs 19..........

im Rechnungsjahr 19..........

·erkauften Steuerzeichen und Steuerzeichenvordrucke der Zigarettensteuer.

Anleitung.

1. Zu den Nachweisungen sind die Vordrucke für die Bestellzettel (Muster 1) nach Änderung der Überschrift zu verwenden.
2. Die Nachweisungen haben sich auf den ganzen Bezirk der ausstellenden Behörde zu beziehen.
3. Die Angaben sind, soweit es sich um vollständig bedruckte Steuerzeichen (§§ 8 bis 10) handelt, den Steuerzeichenbüchern zu entnehmen. Über die Einnahme aus der Verwendung von Steuerzeichenvordrucken (§ 11), die am Schlusse des Musters 1, getrennt nach Steuerklassen, nachzuweisen ist, haben die Hebestellen nötigenfalls besondere Anschreibungen zu führen.
4. Abweichungen der Endsummen dieser Nachweisung von den Angaben in der Übersicht der Einnahme an Zöllen und Reichssteuern sind zu erläutern.

Direktivbezirk ....

Muster
(Ausf.-Best. §

Einzusenden:

1. vierteljährliche Nachweisungen bis zum 10. der Monate Januar, April, Juli und Oktober.
2. jährliche Nachweisungen bis zum 1. Juni.

Nachweisung

des

Steuerwerts der

im .... Viertel des Rechnungsjahrs 19........

im Rechnungsjahr 19..........

verkauften Zigarettensteuerzeichen und Steuerzeichenvordrucke.

1. Für Zigaretten							2. Für Zigarettentabak						3. Für Zigarettenhüllen
im Kleinverkaufspreise						Zusammen	im Kleinverkaufspreise					Zusammen	
bis zu 1½ Pf.	über 1½ bis 2½ Pf.	über 2½ bis 3½ Pf.	über 3½ bis 5 Pf.	über 5 bis 7 Pf.	über 7 Pf.		über 3,50 bis 5 ℳ	über 5 bis 10 ℳ	über 10 bis 20 ℳ	über 20 bis 30 ℳ	über 30 ℳ		
das Stück							das Kilogramm						
ℳ	ℳ	ℳ	ℳ	ℳ	ℳ	ℳ	ℳ	ℳ	ℳ	ℳ	ℳ	ℳ	ℳ

Muster 14.
(Ausf.-Best. § 58.)

Direktivbezirk ....

Hauptamtsbezirk ....

Rechnungsjahr 19 ....

Herstellung und Absatz sowie Einfuhr von Erzeugnissen, die der Zigarettensteuer unterliegen.

Anleitung zum Gebrauche.

1. Die von den Hauptämtern bis zum 15. Mai vorzulegende Nachweisung hat den ganzen Hauptamtsbezirk, die von den Direktivbehörden **bis zum 1. Juni** einzusendende den ganzen Direktivbezirk zu umfassen.

2. Die Angaben über Herstellung und Absatz der inländischen Herstellungsbetriebe sind den Betriebsbüchern zu entnehmen. Zigarettentabak und Zigarettenhüllen, die in Zigarettenbetrieben hergestellt werden und lediglich im eigenen Betrieb oder durch Heimarbeiter auf Zigaretten weiter verarbeitet worden sind, sind in die Nachweisung nicht aufzunehmen. Betriebe, die neben Zigaretten oder Zigarettentabak auch Zigarettenhüllen für den Verkauf herstellen, sind in den Spalten 1 bis 3 nachzuweisen. Das in Bogen, Rollen, Bobinen usw. abgegebene Zigarettenpapier ist nach dem Maßstab für die Versteuerung (§ 5 Abs. 1) nachzuweisen.

3. Insoweit die Angaben über die aus dem Zollausland eingeführten und versteuerten Zigaretten, Zigarettentabake und Zigarettenhüllen nicht mit genügender Sicherheit aus dem Steuerzeichenbuch entnommen werden können, haben die Zollstellen Anschreibungen über die eingeführten Mengen nach Maßgabe der Spalten 7 bis 21 dieser Nachweisung zu führen.

Zahl der Betriebe, die				
nur Zigaretten herstellen	Zigaretten und Zigarettentabak herstellen	nur Zigarettentabak herstellen	nur Zigarettenpapier (in Bogen, Rollen, Bobinen usw.) herstellen	nur Zigarettenhülsen oder -blättchen herstellen
1	2	3	4	5

Hiervon arbeiten mit:

	1	2	3	4	5
a) keinem Gehilfen					
b) nicht mehr als 10 Gehilfen					
c) 11 bis 50 Gehilfen					
d) 51 bis 100 Gehilfen					
e) 101 bis 500 Gehilfen					
f) mehr als 500 Gehilfen					
g) reiner Maschinenarbeit					
h) Maschinen- und Handarbeit					
i) reiner Handarbeit					
k) Heimarbeit					

Erzeugnisse	Zigaretten.					
	Gesamtmenge	Davon (Sp. 7) im Kleinverk…				
		bis zu $1\frac{1}{2}$ Pfennig	über $1\frac{1}{2}$ bis $2\frac{1}{2}$ Pfennig	über $2\frac{1}{2}$ bis $3\frac{1}{2}$ Pfennig	über $3\frac{1}{2}$ bis 5 Pfennig	über 5 Pfe…
		das Stück				
	Tausend	Tausend	Tausend	Tausend	Tausend	Tau…
6	7	8	9	10	11	1…
Bestand am Anfang des Rechnungsjahrs .		—	—	—	—	—
Hergestellt (einschl. der Erzeugung der Heimarbeiter)		—	—	—	—	—
Anderweiter Zugang . .		—	—	—	—	—
Zusammen . . .		—	—	—	—	—
Aus den Betriebsstätten entfernt:						
versteuert						
unversteuert in das Ausland ausgeführt		—	—	—	—	—
anderweit unversteuert entfernt . . .		—	—	—	—	—
Zusammen Abgang . . .		—	—	—	—	—
Bleibt Bestand am Schlusse des Rechnungsjahrs		—	—	—	—	—
Außerdem aus dem Zollausland eingeführt und versteuert						

Zigarettentabak.										Zigarettenhüllen.			
Davon (Sp. 14) im Kleinverkaufspreise										Zigarettenhülsen	Zigarettenblättchen	Zigarettenpapier in Bogen, Rollen, Bobinen usw. (umgerechnet)	Bemerkungen.
über 3,50 bis 5 Mark		über 5 bis 10 Mark		über 10 bis 20 Mark		über 20 bis 30 Mark		über 30 Mark					
das Kilogramm													
kg	g	kg	g	kg	g	kg	g	kg	g	Tausend	Tausend	Tausend	
15		16		17		18		19		20	21	22	23
—	—	—	—	—	—	—	—	—	—				
—	—	—	—	—	—	—	—	—	—				
—	—	—	—	—	—	—	—	—	—				
—	—	—	—	—	—	—	—	—	—				
—	—	—	—	—	—	—	—	—	—				
—	—	—	—	—	—	—	—	—	—				
—	—	—	—	—	—	—	—	—	—				
—	—	—	—	—	—	—	—	—	—				

Steuersätze für die verschiedenen Packungen.

1. Zigaretten.

Klasse 1a. Kleinverkaufspreis bis 1 1/2 Pf. das Stück.

Packung zu	5	8	10	15	20	25	50	100	500	1000 Stck.
Steuer ...	1	1 3/5	2	3	4	5	10	20	100	200 Pf.

Klasse 1b. Kleinverkaufspreis über 1 1/2 Pf. bis 2 1/2 Pf. das Stück.

Packung zu	4	5	10	20	25	50	100	500 Stck.
Steuer ...	1 1/5	1 1/2	3	6	7 1/2	15	30	150 Pf.

Klasse 1c. Kleinverkaufspreis über 2 1/2 Pf. bis 3 1/2 Pf. das Stück.

Packung zu	3	5	10	20	25	50	100	500 Stck.
Steuer ...	1 7/20	2 1/4	4 1/2	9	11 1/4	22 1/2	45	225 Pf.

Klasse 1d. Kleinverkaufspreis über 3 1/2 Pf. bis 5 Pf. das Stück.

Packung zu	5	10	20	25	50	100	500 Stck.
Steuer ...	3 1/4	6 1/2	13	16 1/4	32 1/2	65	325 Pf.

Klasse 1e. Kleinverkaufspreis über 5 Pf. bis 7 Pf. das Stück.

Packung zu	5	10	20	25	50	100 Stck.
Steuer ...	4 3/4	9 1/2	19	23 3/4	47 1/2	95 Pf.

Klasse 1f. Kleinverkaufspreis über 7 Pf. das Stück.

Packung zu	5	10	20	25	50	100 Stck.
Steuer ...	7 1/2	15	30	37 1/2	75	150 Pf.

2. Zigarettentabak.

Packung zu	Betrag der Steuer in der Steuerklasse				
	2a	2b	2c	2d	2e
	Kleinverkaufspreis				
	über 3,50 M bis 5 M das kg	über 5 M bis 10 M das kg	über 10 M bis 20 M das kg	über 20 M bis 30 M das kg	über 30 M das kg
20 g	$1^3/_5$ Pf.	$3^1/_5$ Pf.	6 Pf.	$9^3/_5$ Pf.	14 Pf.
25 g	2 »	4 »	$7^1/_2$ »	12 »	$17^1/_2$ »
50 g	4 »	8 »	15 »	24 »	35 »
75 g	6 »	12 »	$22^1/_2$ »	36 »	$52^1/_2$ »
100 g	8 »	16 »	30 »	48 »	70 »
125 g	10 »	20 »	$37^1/_2$ »	60 »	$87^1/_2$ »
200 g	16 »	32 »	60 »	96 »	140 »
250 g	20 »	40 »	75 »	120 »	175 »
500 g	40 »	80 »	150 »	240 »	350 »

3. Zigarettenhüllen.

Packung zu....	40	50	60	90	100	200 Stück.
Steuer	4	5	6	9	10	20 Pf.

Abkommen zwischen dem Deutschen Reiche und dem Großherzogtume Luxemburg wegen Begründung einer Gemeinschaft der Zigarettensteuer.

Vom 11. Juli 1906.

(Reichsgesetzblatt 1907 Seite 67.)

Die Unterzeichneten, der Kaiserliche außerordentliche Gesandte und bevollmächtigte Minister in Luxemburg, Legationsrat Graf von Pückler, und der Staatsminister, Präsident der Großherzoglich Luxemburgischen Regierung, Dr. Paul Eyschen, haben unter Vorbehalt der Genehmigung ihrer Regierungen folgendes Abkommen geschlossen:

Artikel 1.

Im Großherzogtume Luxemburg wird am 1. Juli 1906 ein Gesetz über die Besteuerung von Zigarettentabak, Zigaretten und Zigarettenhüllen (Zigarettensteuer) in Kraft treten, das mit dem im Deutschen Reiche an dem gleichen Tage in Kraft tretenden Gesetz über denselben Gegenstand inhaltlich übereinstimmt. Mit Rücksicht hierauf soll vom 1. Juli 1906 an zwischen dem Deutschen Reiche und dem Großherzogtume Luxemburg eine Gemeinschaft der Zigarettensteuer eintreten.

Artikel 2.

Für der Zigarettensteuer unterliegende Waren, die ordnungsmäßig mit dem vorgeschriebenen Steuerzeichen versehen sind, wird zwischen dem Deutschen Reiche und Luxemburg völlige Freiheit des Verkehrs bestehen.

Die Versendung von solchen Waren aus dem Deutschen Reiche in den freien Verkehr Luxemburgs und umgekehrt gilt nicht als Ausfuhr. Für die so versandten Waren der bezeichneten Art darf im Versendungslande Steuerbefreiung nicht gewährt werden.

Artikel 3.

Der Ertrag der in die Gemeinschaft fallenden Zigarettensteuer wird zwischen dem Deutschen Reiche und dem Großherzogtume Luxemburg nach dem Verhältnis der Bevölkerung ihrer, der gemeinschaftlichen Gesetzgebung unterworfenen Gebiete verteilt.

Dieser Ertrag besteht aus der gesamten Einnahme aus der Zigarettensteuer, nach Abzug

1. der auf Gesetzen oder allgemeinen Verwaltungsvorschriften beruhenden Steuervergütungen und Ermäßigungen,
2. der Rückerstattungen aus unrichtigen Erhebungen,
3. der Erhebungs- und Verwaltungskosten, die für das Großherzogtum Luxemburg nach den gleichen Grundsätzen zu bemessen sind wie für die Bundesstaaten des Deutschen Reichs.

Artikel 4.

Dem Deutschen Reiche bleibt unbenommen, wegen der an sein Zoll- und Steuersystem angeschlossenen österreichischen Gemeinden mit Österreich in eine Gemeinschaft der Zigarettensteuer zu treten. In diesem Falle wird bei der Abrechnung mit Luxemburg die Bevölkerung der betreffenden österreichischen Gebietsteile der Bevölkerung des Deutschen Reichs (Artikel 3 Abs. 1) hinzugerechnet.

Artikel 5.

Die Verwaltung und Erhebung der Zigarettensteuer im Großherzogtume Luxemburg wird den luxemburgischen Zollbehörden übertragen, und es finden in bezug auf dieselbe diejenigen Vereinbarungen, die hinsichtlich der Verwaltung und Erhebung der Zölle getroffen sind, entsprechende Anwendung.

Artikel 6.

Das vorstehende Abkommen gilt für die Dauer des Anschlusses des Großherzogtums Luxemburg an das deutsche Zollsystem.

Jeder Teil ist jedoch befugt, dieses Abkommen mit einjähriger Frist für den 1. April jedes Jahres zu kündigen.

Im Falle einer Änderung der im Deutschen Reiche oder in Luxemburg bestehenden Zigarettensteuergesetzgebung kann die Kündigung auch für einen anderen Termin mit halbjährlicher Frist erfolgen.

Geschehen zu Luxemburg in doppelter Ausfertigung am 11. Juli 1906.

(L. S.) C. Pückler. (L. S.) Eyschen.

Nachdem der Bundesrat dem vorstehenden Abkommen die Zustimmung erteilt hat, ist es von den beiderseitigen Regierungen genehmigt worden. Die Auswechselung der Genehmigungserklärungen hat stattgefunden.

Die Änderungen des Zigarettensteuergesetzes durch das Gesetz vom 15. Juli 1909 wegen Änderung des Tabaksteuergesetzes sind im Großherzogtume Luxemburg am 1. September 1909 in Kraft gesetzt worden.

Sachregister

zum Zigarettensteuergesetz und zu den Ausführungsbestimmungen.

Abkürzungen:

G. = Gesetz.
A. = Ausführungsbestimmungen.

Die Zahlen bezeichnen die Paragraphen und deren Absätze

R.

S.

GPSR Compliance

The European Union's (EU) General Product Safety Regulation (GPSR) is a set of rules that requires consumer products to be safe and our obligations to ensure this.

If you have any concerns about our products, you can contact us on ProductSafety@springernature.com

In case Publisher is established outside the EU, the EU authorized representative is:

Springer Nature Customer Service Center GmbH
Europaplatz 3
69115 Heidelberg, Germany

Batch number: 10844655

Printed by Printforce, the Netherlands